성공하는 MZ세대의
커리어 전략

성공하는
MZ세대의 커리어 전략

초 판 1쇄 2022년 05월 17일

지은이 오명준
펴낸이 류종렬

펴낸곳 미다스북스
총괄실장 명상완
책임편집 이다경
책임진행 김가영, 신은서, 임종익, 박유진

등록 2001년 3월 21일 제2001-000040호
주소 서울시 마포구 양화로 133 서교타워 711호
전화 02) 322-7802~3
팩스 02) 6007-1845
블로그 http://blog.naver.com/midasbooks
전자주소 midasbooks@hanmail.net
페이스북 https://www.facebook.com/midasbooks425

ISBN 979-11-6910-022-9 03190

값 15,000원

🖊 **미다스북스**는 다음세대에게 필요한 지혜와 교양을 생각합니다.

CAREER
STRATEGY

성공하는 MZ세대의
커리어 전략

오명준 지음

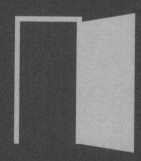

미다스북스

30대 후반을 바라보는 내가 고등학교에 다니던 때, 모든 정규 교육 과정은 수능시험에 맞춰져 있었다. 매일같이 아침 8시에 시작하는 0교시에 EBS 강의를 시청했고, 밤 10시까지 야간자율학습을 하며 청춘을 불태웠다. 당시 내 목표는 단 하나였다. '좋은 대학에 들어가자, 그래야 좋은 직장에 들어갈 수 있겠지.' 가끔은 앞으로의 미래가 불안하기도 했지만, 일단 지상 최대의 과제인 수능시험을 잘 보기 위해 열심히 공부했다. 그리고 수능시험을 본 뒤에는 앞으로 공무원이 되어야겠다는 생각으로 사회계열에 지원했다. 그 누구도 수험생들의 적성과 재능에 대해서는 묻지 않았고, 나도 불안한 감정이 들 때마다 이를 외면했다.

고등학교 때 다양한 재능을 확인해 볼 수 있는 동아리 활동이라도 있었으면 좋았겠지만, 안타깝게도 그 당시 학교의 목표는 많은 학생을 상위권 대학에 보내는 것이었기에 동아리는 공부에 방해가 되는 활동쯤으로 여겨졌다. 지금은 상황이 조금 다르다. 대학수학능력시험으로 대학에 입학하는 '정시전형'에서 뽑는 학생의 수보다 내신 성적과 대내외 활동, 면접 등 다양한 평가 요소를 바탕으로 대학에 입학하는 '수시전형'으로 선발하는 인원이 더 많다. 단순히 대학에 가기 위한 목적일지라도 일단 동아리 활동을 할 수 있고, 원하면 직접 교내 동아리를 만들 수도 있다고 하니 우리 세대보다는 그래도 조금은 나은 환경이란 생각이 든다.

또한, 1980~1990년대에 태어난 밀레니얼 세대는 진로 고민을 대학에 입학할 때, 학과 선택을 하고 나서부터 시작한 경우도 많았다. 이때 자신의 진로를 정하지 못했거나, 학과 생활에 적응하지 못한 학생들은 반수생의 길로 접어들거나 전과를 통해 다른 학과에서 자신의 꿈을 모색했다. 청소년기에 자신의 진로를 찾을 시간적 여유가 없으니 뒤늦게 수많은 기회비용을 낭비하며 새로운 길을 찾아 나선 것이다.

취업할 때도 마찬가지였다. 너무 안타깝게도 세계 경제는 날로 악화되었고, 기업은 신입직원 채용을 줄였다. 내 진로에 맞춰 일하는 건 배부른 소리로 여겨졌다. 어떻게든 바늘구멍인 취업 문을 뚫고 들어가야겠다는 마음뿐이었다. 그런데 막상 회사에 들어가고 보니, 회사에서의 삶 또한 만만치 않았다.

누군가에게 임금을 받고 일한다는 건 내가 하기 싫고 맞지 않는 일도 기꺼이, 그것도 '잘' 완수해내야 한다는 것을 알게 됐다. 이제 또다시 고민이 시작된다. '여기서 버틸 수 있을까? 이제라도 내가 원하는 적성을 찾아볼까? 일단 생활비를 벌고 천천히 생각해 볼까? 퇴사하면 부모님 얼굴 어떻게 보지?' 수만 가지 걱정이 들고, 매일 힘들고, 이러지도 저러지도 못하는 상황에 놓인다.

나 또한 마찬가지였다. 30대 중반이라는 나이까지 나름 치열하게 살아왔다고 생각했지만, 가끔 '지금 하는 일이 내가 정말 원하는 것이 맞나?'라는 의문이 들었다. 이후 '내가 진짜 원하는 나만의 커리어'에 대해 진지하게 고민했다. 대학원에서 코칭을 배우며 내 인생과 진로 가치관을 처음부터 점검했다. 이때 '내가 원하는 인생은 무엇일까? 나는 어느 분야에 재능이 있나? 직업인으로서 어떤 미래를 꿈꾸는가?' 등 수많은 질문을 내게 던졌다. 스스로 묻고 답하는 과정을 통해 '진로 설정에 어려움을 겪는 청년들을 돕겠다'는 마음으로 온·오프라인에서 커리어 코칭을 진행했다.

놀랍게도 많은 청년들이 그동안 내가 그랬듯 진로 고민으로 아픈 시간을 견디고 있었다. '부모님의 기대에 부응하지 못해 힘겨워하던 사람, 남들이 부러워하는 직장에 입사했지만 일이 자신과 맞지 않아 퇴사를 고민 중인 사람, 대학 졸업 후 계약직으로 근무 중이지만 앞으로 어떤 커리어를 이뤄 나갈지 방향을 찾지 못하는 사람' 등 수많은 청년이 진지하게 자신의 인생을 고민하고 있었다.

청년들과 코칭을 진행하며 의문이 생겼다. 진로 설정의 문제는 '대체 어디서부터 잘못된 걸까?' 이때부터 '우리 사회에서 통용되던 진로와 직업 가치관은 어떠했는지, 진로 고민을 하게 된 원인이 무엇인지, 어떻게 하면 자신만의 진로 가치관을 세우고 이를 바탕으로 행복한 사회생활을 할 수 있는지'를 하나씩 글로 정리했다.

모든 사람은 인생의 어느 시점에 자기 삶을 되돌아보는 시간을 갖는다. 그동안의 삶을 곱씹어보고 앞으로의 진로 방향을 재설정하는 시간이다. 청소년기에 진로 설정을 했건, 또는 대학을 졸업하며 자신만의 진로를 찾아 나갔건 마찬가지다. 그러니 진로 고민을 이제 시작했다고 해서 너무 심각하게 생각하지 않았으면 하는 바람이다. 현재 어떤 상황에 놓여 있든 진로를 고민하는 것은 꼭 필요한 일이며 내가 부족해서가 아니다. 현재 상황과 내 역량에 맞게 재설정하면 되는 일이다. 그러니 깊게 생각하되 상심하거나 좌절하지는 않았으면 한다.

2022년 5월, 오명준

저자의 커리어 코칭을 받은 사람들의 생생한 후기

**

취업을 준비하며 직무 설정에 어려움을 겪어 코칭을 신청했습니다. 진로 진단 검사와 더불어 다양한 코칭 질문을 기반으로 제 강점을 파악할 수 있었고, 어떤 방향으로 나아가야 할지 조금은 분명해진 것 같아요. 또한 그동안 몰랐던 제 성향과 많은 '나'를 알 수 있었어요. 친절하게 응대해 주셔서 감사합니다!

**

직장을 구하는 기준에 대해 혼란이 많았고, '나만 버티지 못하나' 생각하며 자책하고는 했습니다. 제 마음도 잘 알아주시고 적절한 조언을 해주셔서 직장 생활하며 제가 중요하게 생각하는 부분에 대해 스트레스 받지 않으면서 일할 수 있게 도움을 많이 주셨어요!

**

취업 후 적성에 맞지 않아서 너무너무 답답했는데 제가 원하는 힘들었던 포인트들을 잘 짚어주셔서 큰 용기를 얻게 되었어요. 이렇게 해라 저렇게 해라 하는 조언이 아닌 저 스스로 답을 찾을 수 있게끔 도와주신 것이 제일 많이 도움 되었습니다.

**

한 줄기 빛 같은 수업이었습니다. 선생님께서 주신 질문과 팁 덕분에 면접에 대한 압박도 많이 사라졌어요. 감사합니다!

**

자기소개서 첨삭뿐 아니라 전반적인 취업에 대해 조언도 해주셔서 정말 도움 많이 됐어요. 따뜻한 마음 전달받았습니다. 합격할 수 있다는 용기 얻고 갑니다. 정말 감사합니다!

**

회사에서 과중한 업무와 상사와의 관계에서 오는 스트레스가 너무 심해 이직을 결심하고 코칭을 신청했습니다. 코칭 받고 나니 문제 해결의 실마리가 보이는 것 같아요. 마음이 한결 가벼워졌습니다. 저처럼 이직 생각하시거나 회사 생활 힘든 분들께 꼭 추천드리고 싶어요. 정말 감사합니다!

**

함께 고민해 주시는 것 같아 감사했습니다. 편안한 음성으로 이야기 찬찬히 들어주시고 공감해 주셔서 마음이 시원해졌습니다.

목차

1장 | 내 삶, 꿈, 커리어, 이대로 괜찮을까?

4장   진로와 직업을 찾을 때 반드시 알아야 할 것들

5장　성숙하고 똑똑하게 사회생활 하는 10가지 원칙

CAREER STRATEGY

내 삶,

꿈, 커리어,

이대로

괜찮을까?

안정적인
직업이란 게
있을까?

안정적인 직업이란 어떤 것일까? 대부분의 사람은 정년이 보장되는 '공무원'이란 직업을 떠올린다. 이때 '안정'이란 단어에는 정년까지 직장에서 큰 문제를 일으키지 않는다면, 그리고 내가 먼저 퇴사의 의사를 밝히지 않으면 조직에서 정해진 기간 일할 수 있다는 것을 전제로 한다. 한마디로 여기에서 안정은 '고용 안정'을 뜻한다.

많은 청년은 이와 같은 공무원의 장점 때문에 공무원 시험에 도전한다. 물론 공무원은 좋은 직업이다. 적어도 이른 나이에 언제 퇴사할지 모른다는 부담감에 밤잠을 설치지는 않기 때문이다. 하지만 '안정적인 직업'이란 말의 의미에 관해 조금 더 생각해 볼 필요가 있다. 한 사람이 60대 초반인 정년까지 열심히 일하다가 퇴직했다고 가정해 보자. 그럼 인생을 통틀어 바라봤을 때, 이 사람의 커리어는 완벽히 성공적이라고 말할 수 있을까?

2020년 기준으로 남녀 평균 기대 수명은 83.5세이다. 의료 기술의 발달로 점차 기대 수명이 늘어나 100세에 가까워질 것이고, 우리에겐 퇴직한 뒤 40년이란 시간이 남게 된다. 요즘에는 60대도 청년이라고 하는 마당에 그럼 정년까지 일할 수 있는 직업을 구했다고 과연 내 인생은 안정적이라 할 수 있을까? 실제 공무원들도 퇴직 후 관련 산하 기관에 재취업을 하거나 개인 사업을 하는 등 새로운 커리어를 모색한다. 이런 상황에서 오직 정년까지 일할 수 있다는 이유가 직업을 선택하는 목적이 되어서는 안 된다. 이제는 '커리어 안정'을 생각해 봐야 할 때다. 자신의 인생 전반의 커리어를 고민하고 이에 적합한 직업을 선택해야 하며, 직업생활을 하는 중에도 꾸준히 관련 역량을 키워 나가야 진정한 의미에서 '안정적인 직업'을 만들어 나갈 수 있을 것이다.

또한 '안정'이라는 의미에 대해 한 가지 더 생각해 봐야 할 게 있다. 많은 사람이 '안정'과 '편함'을 동의어로 생각하는 경향이 있다는 것이다. 공무원 조직이 사기업보다는 업무 강도가 낮다는 인식을 하는 사람도 있다. 하지만 이런 생각도 절대적인 것은 아니다. 공무원이 되면 행정 일선에서 주민들의 불만 사항을 처리하는 고된 업무를 맡기도 한다. 9급 공무원으로 합격한 내 친구는 구청 교통과에서 불법 주정차 스티커를 발부받은 시민들의 불만을 처리하는 일부터 시작했다. 친구는 매일 불만을 토로하는 민원인을 상대하는 게 정말 쉽지 않다고 이야기했다. 어느 분야든 감정 노동을 하는 곳은 많은 고충이 따르는 법이다. 어떤 직업이든 쉬운 일은 없고, 고용이 안정적인 공무원도 다르지 않다. 단순히 '편함'만을 생각하고 직업을 찾아서는 안 되는 이유가 여기에 있다.

공무원이 되는 것과 사기업에서 근무하는 직원이 되는 것, 또는 정년이 보장되느냐 아니냐를 따지는 건 중요하지 않다. 정말 중요한 건 죽을 때까지 내가 어떤 커리어를 쌓아 나가야 할지를 아는 것이다. 꼭 정년이 보장되지 않더라도 자신만의 인생 플랜을 설정하고, 꾸준히 성장해 나간다면 그 길이 바로 안정적인 것 아닐까?

02

변하고 있는
직업 선택의
기준

어린 시절 할아버지 댁 나무 현판에는 이런 글귀가 적혀 있었다. "돈을 잃는 것은 조금 잃는 것이요. 명예를 잃는 것은 많이 잃는 것이요. 건강을 잃는 것은 모든 걸 잃는 것이다." 지금 생각해 보니 오래전부터 사람들이 중요시하는 인생의 가치는 크게 '돈'과 '명예'를 얻는 것, 그리고 '건강'하게 살아가는 것이었던 것 같다. 그러나 세대별로 중요시하는 직업 가치관은 조금씩 다르다는 것을 알게 됐다. 60대 부모님으로부터 어린 시절에 먹고사는 게 풍족하지 않아서, 돈을 많이 벌어 배불리 먹고사는 게 최우선의 목표였다는 이야기를 들었다. 또한 우리나라의 경제가 급격히 발전하던 고도 성장기에는 취업을 위한 경쟁이 지금처럼 그리 치열하지 않은 시기도 있었다.

하지만 세상이 너무나 빨리 변했다. 경제는 어려워져만 가고, 청년실업은 날로 늘었다. 자연스레 교사, 경찰, 소방관 등 정년까지 일할 수 있는 직업에 청년들이 몰렸다. 또 근래에는 일과 삶의 균형을 뜻하는 '워라밸(work & life balance)'이란 가치가 부상하여 청년들은 오후 6시 정각에 퇴근하고 자신이 원하는 개인적인 삶을 누리는 걸 선호한다. 직장을 구할 때도, 기업 현직자들이 작성한 기업 평가를 기반으로 '복지는 어떤지, 연봉은 얼마인지, 야간근로는 많은지' 등 꼼꼼히 따져 보고 입사 여부를 결정할 정도다.

사람들은 살아온 환경과 직업 가치관이 모두 다르기에 어떤 가치를 선택하느냐는 개인의 주관적인 영역이다. 그것이 돈이나 명예가 될 수도, 또는 워라밸이 될 수도 있다. 그러나 조금 다르게 생각해 본다면, 보편적으로 드러나는 직업 가치를 추구하는 것도 중요하지만 결국 일을 통해 행복할 수 있으려면 2가지 요소를 고려해야 한다.

첫째는, '성취감'이다. 인간은 일을 통해 무엇인가를 이루고 해냈다는 성취감을 느껴야 계속 일을 할 수 있는 동기 부여가 된다. 직업을 선택할 때, 내가 꾸준히 관심을 두고 계속해서 일하고 싶은 분야가 있어야 한다. 또한, 작은 성취라도 느낄 때 지속해서 목표를 세우고 이를 실현해 내기 위한 힘을 얻는다.

둘째는 '자율성'이다. 처음 직장에 들어가 매너리즘에 빠지는 신입사원들이 자주 하는 말이 있다. "제가 거대한 기계의 부속품이 되어버린 것 같아요." 이렇게 느끼는 이유는 상대적으로 신입사원들에게는 스스로 무언가를 해나갈 '자율성'이 주어지지 않기 때문이다. 우리나라 조직의 특성상 기업의 규모가 클수록 신입사원들은 주로 상사의 생각을 구현하는 역할을 맡는다. 어떤 대기업에서는 1~2년 동안 신입사원에게 큰 역할을 부여하지 않는다고 한다. 이 기간에는 선임이 하는 일을 옆에서 배우고 회사 분위기를 익히는 데 집중한다. 물론 작은 기업에서 일손이 부족한 경우, 회사의 특성상 신입사원을 실무에 빠르게 투입하기도 한다.

어쨌든 이런 상황에서 신입사원들이 할 수 있는 최소한의 방법은 어떻게든 내가 자발적으로 할 수 있는 일을 만들어 내는 것이다. 현실적으로 내가 회사의 문화까지는 바꿀 수 없으므로 자신의 위치에서 조금이라도 맡은 업무를 더 잘 해내기 위해 노력하는 것이다. 또 다른 방법은 자기 아이디어를 맘껏 펼칠 수 있는 스타트업이나 작은 조직의 회사에 들어가 일하는 것이다.

최근 공무원 사회에서는 '적극행정'에 관한 이슈가 부각되고, 실제 공무원 면접에서도 이와 관련된 질문을 던지기도 한다. '적극행정'이란 '소극행정'의 반대되는 말로, 공무원이 공공의 이익을 위해서 창의성과 전문성을 발휘해 적극적으로 문제를 해결하려는 노력을 말한다.

예를 들어 사회복지직 공무원으로서 어려운 환경에 처한 사람에게 행정적인 도움을 주고자 하지만, 규정의 사각지대에 있어 도울 수 없는 일이 생길 수 있다. 이런 경우에 '규정상 안 되니 어쩔 수 없다.'라고 판단하고 넘기는 것이 아니라, 민간 기관에 도움을 청하는 등 적극적으로 도울 수 있는 방법을 찾는 업무 처리 방식을 뜻한다. 물론 실제 업무 현장에서는 주어진 업무를 처리하는 데도 벅차 적극행정을 실천하기에 어려운 상황일 수도 있다. 하지만 공무원의 업무 처리 방식에 새로운 관점이 제기됐다는 것만으로도 큰 의미가 있다는 생각이다.

이처럼 보수적이라 일컫는 공무원 사회에서도 점차 변화의 바람이 일어나고 있다. 사기업에서도 마찬가지다. 입사한 지 몇 년이 지나면 일이 손에 익어 편안해지고, 더 이상 새로운 일을 벌이고 싶어 하지 않는 사람들이 있다. 새로운 일을 만들면 업무는 많아지고, 좋은 결과를 얻지 못할 수도 있다는 생각에 현상 유지를 택한다. 그러나 먼 미래를 생각해 볼 때 이런 마음가짐은 본인에게 도움이 되지 않는다. 누가 시키지 않아도, 지금 위치에서 업무 효율을 높이기 위해 다른 방안을 찾는 노력을 하고, 일을 통해 성취감을 느끼고 매일 성장할 때 직업인으로서 진정으로 행복한 내 삶에 조금 더 가까워질 것이다.

MZ세대의 빛나는 인생을 위한 커리어 코칭

▶ 나에게 가장 중요한 '직업 가치'는 무엇인가요?

_____

_____

_____

_____

_____

▶ 나는 어떤 일을 할 때 '성취감'을 느끼나요?

_____

_____

_____

_____

_____

03

직업의
다양성을
존중하는 사회

전 세계적인 경제 성장의 둔화로, 기업은 신입직원 채용을 줄인다. 취업 시장이 어려워지니 많은 청년들이 정년이 보장되는 직업 또는 전문직 자격시험에 몰린다. 이 과정에서 높은 경쟁률을 뚫어야 하는 건 다반사이다. 더 큰 문제는 많은 청년들이 어렵게 기업에 취업했지만, 정작 '고용안정'이 보장되지 않는다는 사실이다. 실제 사기업에서 40대는 물론이고 30대에 퇴직하는 근로자들이 많다. 그 결과 실업률이 개인은 물론 국가적인 문제로 대두했다.

심각한 취업난 문제는 사회, 경제적인 여건, 취업 시장의 구조적인 문제 등 여러 요인이 복합적으로 일어나 생긴 일이겠지만, 취업난의 근본적인 이유는 다양성을 존중하지 않는 사람들의 직업관도 한몫했다고 생각한다. 조선시대에는 직업의 귀천이 존재했다. 나라의 녹을 먹는 관료나, 글을 읽는 학자들은 대우받았고, 상업 활동하는 상인 또는 농사를 짓는 농민은 상대적으로 인정받지 못했다. 더 나아가, 도자기나 목제품을 만드는 등 수공업에 종사하는 전문 기술자들이 천대받는 사회였다. 이렇게 직업적 다양성을 인정하지 않았기에, 자연스레 전통문화를 계승하지 못한 것은 물론이고, 가업을 이어 나가는 청년들이 사라져 버린 것은 아닐까.

500년이 넘는 기간 동안 이어진 조선시대의 직업적 가치관은 지금까지도 뿌리 깊게 자리한다. 매년 고등학교 졸업생의 70% 정도가 대학에 진학한다. 또한 교육부와 한국교육개발원이 'OECD 교육지표 2021'의 주요 지표를 분석해서 발표한 결과에 따르면 우리나라의 25세에서 34세 인구의 고등교육 이수율은 OECD 국가 중 1위인 69.8%로 OECD 국가 평균 45.5%보다 월등히 높다. 하지만 한국경제연구원에서 분석한 결과에 따르면 2020년 기준 같은 연령대의 대졸자 고용률은 75.2%로 OECD 평균

82.9%보다 크게 낮은 수치를 보였다. 이런 문제의 원인이 전공과 일자리의 '미스매치' 때문이라는 자료도 제시됐다. 또한 대다수의 대학 졸업생이 대기업, 공무원 등 소수의 인원만이 선발되는 조직에 경쟁적으로 몰려들다 보니 생긴 일일지도 모른다.

아래 2가지 사례를 보면 어떤 느낌이 드는가?

1. 4년제 대학 졸업 후 기업에 입사해 회사생활을 한다.
2. 4년제 대학 졸업 후 귀농하여 청년 농부로 산다.

대부분 1번의 삶에서 자연스럽고 일반적이라는 느낌을 받는다. 반면에 2번의 삶은 뭔가 특별하고 개인적인 이유가 있어서라고 느낀다. 그러나 만약 2번의 주인공이 정년퇴직 후에 귀농을 한 60대 남성이라면? 딱히 특별함을 느끼진 못할 것이다. 2번의 주인공이 4년제 대학을 졸업한 청년이기에, 회사생활을 하지 않기에 상황은 특별해진다.

모두 회사원이라면 우리 사회는 유지될 수 있을까? 음악을 하는 사람이 없다면 더 이상 음악을 들을 수 없고, 요리하는 사람이 없다면 가족과

맛있는 음식을 먹으러 갈 수 없으며, 농사짓는 사람이 없다면 식탁에 오르는 쌀은 전부 외국에서 수입해야 할 것이다. 모두 각자의 역할이 있기에 사회가 원활하게 유지된다.

몇 년 전 일본 북해도 노보리베츠 여행에서 료칸에 묵었던 적이 있다. 노보리베츠는 오랜 기간 수려한 자연 경관과 물 좋은 온천으로 유명했다. 비록 인구 4만 6,000명 정도의 작은 도시지만, 거리 곳곳에는 유서 깊은 료칸들이 있어 수많은 관광객이 몰려든다.

내가 묵었던 오래된 료칸은 화려하진 않지만, 어딘지 모르게 포근한 기분이 들어 마음이 편안해지는 곳이었다. 료칸의 정갈한 가이세키 요리(일본식 코스 요리)와 차분히 정돈된 침구가 아직도 기억에 생생하다.

그리고 한 가지 더 인상 깊었던 점이 있었다. 나이 지긋한 어르신들이 20대 직원들과 함께 열심히 일하고 있는 것이었다. 나이에 관계없이 맡은 역할에 최선을 다하는 모습이 굉장히 인상적이었다. 자신의 직업을 사랑하고 대를 이어 가꿔왔기에, 지금까지 유명 관광지로서의 명맥을 유지해 올 수 있었던 건 아닐까?

지금 우리 사회는 많은 문제에 직면해 있다. 청년실업, 은퇴한 아버지 세대, 청년들이 떠나간 농촌…. 이런 문제들은 어쩌면 우리가 개인의 다양성과 고유한 문화를 등한시했기에 생겨난 것이 아닐까? 대학을 졸업한 후 회사 취직만이 정답이 아닌 사회가 오기를 소망한다. 이미 사회는 변하고 있다.

04

각자
다른 성공과
실패의 정의

한 사람의 인생에서 성공과 실패는 어떤 기준으로 정의할 수 있을까?

3년간 공무원 시험을 준비한 청년이 있었다. 이 청년은 매일 아침 학교 도서관에 누구보다 일찍 도착했고, 밤늦게까지 공무원 시험에 매진했다. 그러나 공무원 시험의 벽은 높았고, 합격선에 가까운 점수를 받았지만 탈락하기 일쑤였다. 마침내 3년 뒤, 그토록 바라던 공무원 시험에 합격해서 임용 날짜를 기다리고 있다. 이 청년은 성공한 걸까? 대부분의 사람 생각이 그렇듯 이 청년은 진심으로 공무원이 되길 바랐고, 그 목표를 이뤘으므로 성공한 게 맞다.

그럼 반대의 사례를 살펴보자. 이 청년이 3년차에도 시험에 떨어지고 4년째 공부를 이어 나가고 있다면 어떨까? 그럼 이 청년은 실패한 걸까? 그렇지 않다. 성공과 실패는 오직 내가 결정할 수 있다. 공부를 1년 더 해서 최종 합격한다면 그동안의 시간은 성공을 위한 하나의 과정으로 볼 수 있다. 1년 늦게 공무원 시험에 합격했다고, 많이 늦었거나 부족하다고 생각하는 사람은 없을 것이다.

그럼, 여기서 또다시 질문을 던져 보자. 3년째 공무원 시험에 떨어지고 나서 공무원 시험을 그만두고 일반 기업에 입사했다면, 이 청년의 삶은 실패한 걸까? 여기에 대한 답은 '모른다.'이다. 정답은 그 청년만이 알 수 있다. 결과를 만들어 가는 당사자는 바로 그 청년이기 때문이다.

일반 기업에 입사해서 그동안의 어려웠던 공시생으로서의 삶을 만회하고자 동료 직원들보다 더 열심히 일해서 잘해 나가는 모습을 보인다면, 이 청년의 3년은 단순히 실패의 시간이라고 말할 수는 없을 것이다.

성공과 실패의 정의는 오직 자신만이 할 수 있다. 끝까지 도전해서 결국 원하는 목표를 이뤄낸다면 그동안의 준비 기간은 실패가 아니라 성공을 위한 준비 과정이 된다. 또한 다른 목표를 설정해 도전한다면 그동안 겪은 아픔의 시간을 바탕으로 본인이 생각하는 성공적인 삶을 살 수 있다.

예로 든 공무원 시험은 물론 각종 시험에서 좋은 결과를 얻지 못해 낙담하는 청년들을 마주한다. 심적으로 많이 약해져 있고, 내년에도 공부를 계속해야 하는지 아니면 그만두고 다른 일을 찾아야 하는지 고민하는 사람도 많다. 내가 이야기해 주고 싶은 건, 어떤 선택을 하든 자신만이 자신의 인생을 올바르게 만들어 낼 수 있다는 것이다. 우리는 모두 그럴 능력이 이미 충분하다.

M Z 세 대 의   빛 나 는   인 생 을   위 한   커 리 어   코 칭

▶ 내가 생각하는 '성공'과 '실패'의 정의는 무엇인가요?

_____

_____

_____

_____

▶ 내가 바라는 성공적인 인생을 위해 지금 어떤 선택을 하실 건가요?

_____

_____

_____

_____

05

즐기며 사는
인생이
전부일까?

최근 젊은 세대를 중심으로 파이어족(Financial Independence, Retire Early의 첫 글자를 따서 만든 신조어)에 대한 관심이 늘고 있다. 파이어족은 20대부터 소비를 극단적으로 줄여 30대 후반에서 늦어도 40대 초반까지 조기에 은퇴하고 자신의 삶을 누리며 사는 것을 모토로 한다. 이렇게 파이어족에 대한 관심이 늘어난 계기는 사회적인 불안과 맞닿아 있다. 우리 아버지 세대는 어떻게든 회사에서 정년까지 살아남겠다는 목표로 직장생활을 했다. 그러나 파이어족은 오랜 기간 직장에서 일하기보다는 돈을 벌 수 있을 때 최대한 아껴 미래를 준비해야겠다는 목표를 세운 것이다. 이는 직장생활보다 내 삶을 더 중시하는 현상이 반영된 결과다.

누군가의 삶의 방식을 함부로 재단할 수 없기에 다른 이의 선택의 옳고 그름을 판단할 수는 없다. 그러나 한 가지 주의해야 할 점이 있다. 빨리 은퇴해서 아무 일도 하지 않고 마냥 하루하루를 즐기며 살겠다는 생각은 위험할 수 있다는 것이다. 뉴스 기사를 보다가 한 남성이 40대 초반에 일찍 은퇴했지만, 하루가 너무 무료해 일을 다시 시작했다는 이야기를 접했다. 매일같이 힘든 업무에 온종일 아무것도 하지 않고 누워만 있으면 좋겠다는 생각이 들기도 하지만, 막상 아무것도 하지 않는 기간이 1년, 2년이 넘어가면 '무언가라도 해볼까? 삶이 너무 지루한데?'라는 마음이 들기 마련이다. 사람 마음이란 게 이토록 간사하다.

아버지는 58세에 사업을 정리하시고 1년간을 집에서 보내셨다. 워낙 활동적인 분이시라 수십 년 해오시던 테니스를 꾸준히 하시고, 소일거리를 하시며 일상을 보내셨다. 개인적으로는 아버지가 조경 사업을 하시며 체감온도가 40도를 웃도는 뙤약볕에서 근무하시는 모습을 보고 자랐기에, 이제는 조금 편히 쉬시기를 바랐다. 그런데 아버지는 다시 사회생활을 하고자 하셨다. 아버지께 조심스레 여쭤봤다. "아버지, 이제는 조금 쉬셔도 괜찮지 않으세요? 그동안 힘들게 일하셨잖아요." 아버지는 다른 생각이셨다. 일하며 자신의 가치를 인정받고 싶어 하셨다. "집에서만 있는 건 너무나 무료하더구나. 사람은 일이 있어야 더 활기차게 생활할 수 있는 거란다."

아버지는 충분히 경제적, 시간적 여유가 있으셨지만 일을 통해 즐거움을 찾길 원하셨다. 59세이셨던 아버지는 재취업을 하셨고, 69세이신 지금도 왕성히 경제활동을 하신다. 그래서 오히려 예전보다 더 건강해지신 느낌이다.

각자 삶의 방식이 다르기에 무엇이 옳다고 말할 수는 없지만, 은퇴하기 전에 자신만의 계획을 세워 본다면 어떨까. 바쁜 회사생활 때문에 도전하지 못했던 일을 시작하겠다거나, 사회에 조금이나마 도움이 될 수 있는 일을 하는 등 자신이 꾸준히 해나갈 수 있는 일을 하나 마련해보는 것이다. 그럼 남은 삶을 조금 더 의미 있게 살 수 있지 않을까? 퇴사가 목적이 아니라 퇴사 이후의 진정한 내 삶을 사는 게 목적이 될 때, 그리고 내 삶의 방향성을 갖출 때, 진정한 내 삶을 살 수 있게 될 것이다.

06

꿈은
직업이 아니라
삶의 방식이다

청소년기부터 자신만의 명확한 꿈이 있는 사람이 몇이나 될까? 구체적이진 않아도 자신의 미래를 막연히 그려 보기도 하고, 앞으로의 꿈이 확실한 친구들을 보며 나도 무언가 미래의 방향을 설정해야 할 것만 같은 압박에 시달리기도 한다. 그러다 꿈이라는 너무 큰 개념과 막막함에 스트레스를 받는 청소년들도 많다. 주변에서 꿈을 강요하니 꿈을 꾸고 이루기는커녕 시작조차도 힘들어한다. 이런 결과 "꿈이 꼭 있어야 하나요?"라고 되묻는 학생도 있다.

그렇다면, '꿈을 이룬 어른은 얼마나 될까?' 사회 초년생 중에는 자신의 꿈을 이뤄낸 사람도 있을 것이고, 반면 자신의 꿈이 무엇이었는지 기억조차 하지 못한 채 주어진 환경과 조건에 맞춰 일을 시작한 사람도 있을 것이다. 나는 후자였다. 대학 졸업 무렵, 우리나라는 취업난으로 몸살을 앓고 있었고, 내 꿈이 무엇인지 되새겨 보기도 전에 그럴듯해 보이는 대기업에 입사했다. 주변 사람들도 마찬가지였다. 주위의 친구들을 둘러보거나 직장 동료들의 이야기를 듣다 보면 꿈을 이룬 사람보다는 이루지 못한 사람이 더 많다는 것을 알게 됐다. 어쩌면 꿈을 꿀 기회조차 없었다는 말이 더 맞는 것 같다.

그러다 의문이 생겼다. '꿈은 꼭 직업이어야만 하는 걸까?' 초등학생때, 어른들에게서 가장 많이 들었던 질문 중 하나는 "꿈이 뭐니?"였다. 그때마다 뭐라고 대답해야 할지 한참을 고민하던 기억이 난다. 학교에서도 항상 꿈에 관해 물었고, 반 친구들은 선생님, 축구선수, 연예인 등 특정 직업을 이야기했다. 물론 '꿈'의 사전적 정의는 '실현하고 싶은 희망이나 이상'을 뜻하므로 누군가에겐 꿈이 특정 '직업'이 될 수도 있다. 그러나 성인이 되어 사회생활을 하다 보니 꼭 꿈이 직업이 될 필요는 없다는 생각이 들었다. 꿈이란 게 '특정한 직업인이 되는 것'이기보다는 앞으로 '어떤 사람이 되고 싶다'는 자신만의 가치관 혹은 삶의 방식에 관한 이야기라면 어떨까? 다음의 빈칸에 스스로 답해 보자.

'나는 〇〇한 사람으로서 살아가고 싶다.'

이 글을 읽고 있는 여러분은 어떤 사람이 되고 싶은가? 살아가며 한 번도 자신에게 이런 질문을 던져 보지 않은 사람도 있을 것이다. 누군가는 '사회에 봉사하는 사람'일 수도 있고, '다른 이에게 배움을 전하는 사람', '내 재능을 충분히 발휘하는 사람'도 될 수 있다. 모두 다른 가치관을 지니고 있기에 이 질문에 대한 정답은 없다. 단지, 내가 원하고 바라는 내 모습만이 있을 뿐이다.

이렇게 자신만의 삶의 가치관으로 꿈을 정한다면, 내가 할 수 있는 일들이 무궁무진해진다. 만약 사회에 봉사하는 사람이 되겠다는 꿈을 정한 사람은 사회복지직 공무원으로서 어려운 이웃을 돌볼 수 있고, 한 달에 한 번이라도 요양원으로 봉사활동을 갈 수도 있을 것이고, 자신이 생각한 또 다른 방식으로 내 꿈을 실천할 수 있을 것이다. 이처럼 꿈이 삶의 태도를 반영한다면, 내 가치를 실현하며 만족스러운 삶을 살 수 있게 된다. 꿈이 단순히 직업으로 한정될 수 없는 이유가 여기에 있다.

어린 시절, 나에게 "앞으로 어떤 사람으로 살아가고 싶니?"라는 질문을 하는 어른이 있었더라면 어땠을까 하는 아쉬움이 든다. 직업만이 목표가 아닌, 삶의 방향을 생각하며 사는 방법을 일찍 배웠더라면 남들이 얘기하는 '성공한 삶'만을 위해 허비한 시간 대신, 최소한 나 자신에게 더 만족하는 삶을 살 수 있지 않았을까.

MZ세대의 빛나는 인생을 위한 커리어 코칭

▶ 앞으로 어떤 사람으로 살아가고 싶은가요? 그 꿈을 어떻게 실현할 수 있나요?

_____

_____

_____

_____

_____

_____

_____

_____

_____

07

이루지 못한
꿈이
있다면

학교 선생님을 꿈꾸던 청년이 있었다. 청소년기부터 공부를 유난히 잘

했고, 자신이 꿈꾸던 선생님이 되기 위해 대학에서 교직 이수를 했다. 이

제 선생님이 되기 위한 마지막 과정인 임용고시만이 남아 있었다. 이 청

년은 선생님이 되지 못할 거라는 의심을 단 한 번도 하지 않았다.

하지만 현실은 녹록지 않았다. 임용고시의 문턱은 생각보다 높았다.

더욱이 많은 인원을 선발하지 않는 과목에 지원했기에, 그 문은 너무 좁

았다. 몇 년간 임용 시험에 도전했고, 결과는 좋지 않았다. 자신의 꿈을 의심하게 됐고, 취업에 성공한 동기들의 소식을 접하며 상대적 박탈감과 자괴감에 빠졌다. 꿈을 이루지 못했다는 생각에 힘든 나날을 보냈다.

만일 이 사람의 꿈이 단순히 직업으로서 학교 선생님이 되는 것이 아니라 '누군가에게 배움을 전하는 사람'이었다면 어땠을까? 선생님이 되지 못했더라도 다른 선택을 할 수 있었을 것이다. 학원에서 학생을 가르치며 배움을 전하는 사람이 되거나, 대학원에서 자신이 배운 전공 과목을 더 깊이 있게 연구하는 사람이 될 수도 있지 않았을까? 분명 자신만의 꿈을 이룰 대안을 마련할 수 있었을 것이다.

주위에 음악과 관련된 오래된 꿈을 이야기하는 사람도 꽤 많다. "내가 소싯적에는 훌륭한 첼리스트가 되고 싶었는데…." 집안 사정 때문에 혹은 재능에 한계를 느껴 음악을 그만두고 다른 삶을 살아온 사람들이다.

그런 사람에게는 이 질문을 전하고 싶다. "선생님은 왜 첼리스트가 되고 싶으셨어요?", "그 꿈은 선생님께 어떤 의미가 있었죠?" 만일 이 질문에 '음악계의 유명 인사가 되고 싶었다.'라거나, '대학에서 음악 교수로서 살고 싶었다.'라고 한다면 아쉽지만, 그 꿈을 이룰 확률은 매우 낮다. (사람 일은 모르는 것이니 단정 짓지는 않겠다.) 하지만 예를 들어 음악을 하며 인생의 풍요로움을 느꼈다거나, 힘들었던 청소년기를 이겨 낼 수 있었던 나만의 원동력이었다고 말한다면 이 사람의 꿈은 지금도 충분히 이룰 수 있다고 이야기해 주고 싶다.

꿈을 이루는 방법은 아주 간단하다. 지금이라도 다시 첼로를 들고, 연주만 하면 된다. 이제는 손이 굳어 잘 되지 않는다면 강의료를 내고 다시 배워도 좋다. 혼자서 즐기지 않아도 된다. 마음이 맞는 사람들과 동호회를 만들어 함께 연습하고, 공연도 하며 자신의 못 이룬 꿈을 마음껏 펼칠 수 있다. '늦은 나이는 없다.'라는 말은 바로 이런 경우를 말하는 것이 아닐까? 언제든 자신이 원한다면 다시 시작하면 된다. 단지 그뿐이다.

08

왜 꿈이
있어야
하는 걸까?

평소 사회생활을 하며 뭔가 자신만의 확고한 믿음을 가진 사람을 본 적이 있는가? 대부분 이런 사람은 자신만의 주관이 뚜렷하고, 다른 사람이나 환경 변화에 쉽게 동요하지 않는다.

소위 '멘탈'이 강하다는 말을 듣는 사람들이다. 이런 사람들은 삶에 자신만의 가치관이 뚜렷하다. 자신의 인생에 중심이 잡혀 있고, 분명한 커리어 목표가 있다. 이런 사람들의 공통된 특징은 자신의 꿈(나만의 가치관)을 공고히 구축했다는 것이다.

기업에 처음 입사한 신입직원들에게 실시하는 필수적인 교육 중 하나는 바로 기업의 목표와 비전을 가르치는 것이다. 기업은 같은 조직에 속한 직원들이 하나의 공통된 목표를 향해 함께 노력해서 이뤄내는 '공동체의 힘'을 알고 있다.

이런 이유로 신입직원은 물론 신임 팀장 교육, 임원 교육 등 연차별로 다양한 교육 과정을 마련한다. 이와 같은 교육이 없다면 뚜렷한 목표가 없는 직원들이 최상의 업무 성과를 내지 못할 것이고, 수동적으로 업무를 수행하여 조직 전체 분위기를 흐릴 수도 있다.

그러나 대부분의 사람은 조직이란 틀 안에서 누군가의 지시에 따르며 단순히 시키는 대로 일하기를 원하면서도, 한편으론 자신의 의지대로 하지 못해 답답한 마음이 드는 복잡 미묘한 감정을 느낀다. 청소년기에 시험공부를 해야겠다고 마음먹다가도, "너 시험이 내일인데, 공부는 언제 할 거니?"라는 부모님의 한마디에 공부하고 싶은 마음이 싹 사라지는 게 사람 마음이다. 다른 사람의 지시나 요구에 의해서 무언가를 지속해서

해 나간다는 건 마음의 유통기한이 그리 길지 않은 이유가 여기에 있다.

조직이나 다른 누군가에게 일의 목표를 부여받기보다는 자신만의 목표, 즉 나에게 적합한 일의 의미를 명확히 설정해 보기를 권한다. '내가 하는 업무에서 최고의 전문가가 되겠다, 내 일을 통해 사회 발전에 도움이 되겠다.'라는 등 나만의 목표를 세워 보는 것이다. 커리어 코치의 주된 업무 중 하나는 취업 준비생의 자기소개서를 첨삭하는 일이다. 이때 자기소개서를 코치가 처음부터 끝까지 대신 써주는 '대필'을 요청하는 의뢰인이 종종 있다. 개인적으로는 의뢰인 자기소개서 초안을 바탕으로 진행하는 기본 첨삭에 비해 대필 작업을 하면 더 많은 수입을 얻을 수 있다. 그런데도 대필 작업은 정중히 거절한다.

그 이유는 2가지인데, 첫째로 의뢰인의 자기소개가 아니라 코치의 자기소개가 되기 때문이다. 아무리 멋지게 글을 써 줘도 지원자 자신의 글이 아니기에 만족도가 떨어진다. 글에 이질감이 느껴지고, 만일 면접전형까지 가더라도 노련한 심사위원들의 눈에는 걸리기 마련이다.

둘째는 스스로 자신의 인생을 되돌아볼 시간을 빼앗아 버리기 때문이다. 자기소개서를 쓰기 힘든 가장 큰 이유 중 하나는 그동안 내 삶을 깊이 있게 되돌아보며 살아오지 않았기 때문이다. 성장 경험을 쓰라는 데, 좀처럼 어떤 경험을 써야 할지 마땅한 소재가 없기에 글쓰기를 시작조차 하기 힘들어 한다. 자기소개서를 쓰기 위해서는 그동안 내가 경험해 온 사회생활과 역량을 되짚어 보는 과정이 꼭 필요하고, 이는 그동안 살아온 내 인생을 돌아보는 매우 귀한 시간이 된다. 또한 이 기회를 놓쳐 버린다면 직장인이 된 이후에도 진로 문제로 어려움을 겪을 가능성이 크다. 코치와는 계약 관계에 의해 짧은 시간의 인연으로 만나는 지원자지만, 그 친구가 자신만의 가치관을 설정할 기회를 빼앗고 싶지는 않다.

꿈도 마찬가지다. 꿈은 누군가의 생각을 내가 대신하여 구현해 내는 것이 아니다. 그런 꿈은 내 꿈이 아니라 상대방의 꿈일 뿐이다. 내 삶에 동기 부여를 하고자 한다면, 진정한 내 인생을 살고자 한다면 내 마음에서 우러나는 '나만의 목표'가 있어야 한다. 나만의 직업적 의미를 찾아내 삶을 적극적으로 경영해 나간다면 어떨까? 자신만의 목표를 설정하여 꾸준히 노력한다면 분명 직업인으로서 행복한 삶을 살아갈 수 있을 것이다.

▶ 나만의 커리어 목표는 무엇이고, 그런 목표를 세우게 된 계기는 무엇인가요?

_____

_____

_____

_____

_____

▶ 목표를 이루기 위한 방법 3가지를 적어보세요.

_____

_____

_____

_____

_____

09

꼭 재능 있는
일을
해야 할까?

진로 코칭을 받던 의뢰인이 내게 질문을 던졌다. "코치님, 진로를 정하는데 꼭 재능 있는 일을 해야 하나요? 관심 있는 일을 정하고 시작해 볼 수 있는 것 아닐까요?" 사실 이 질문은 '좋아하는 일을 해야 하나요? 아니면 잘하는 일을 해야 하나요?'라는 질문과 연결된다.

물론 좋아하고 잘하는 일을 찾았다면 더할 나위 없이 좋겠지만 둘 중 하나만 선택해야 한다면 잘하는 일을 추천한다. 이유는 2가지다.

첫째, 어떤 것이든 일이 된다면 즐겁지만은 않기 때문이다. 대부분 좋아하는 일이란 취미 활동인 경우가 많다. 내 생업이 아니기에 부담이 없고 크게 잘하지 못해도 괜찮다. 내가 하고 싶을 때를 선택할 수 있고, 일하고 돈을 받기보단 다른 이에게 돈을 주고 배운다. 내 삶에 크게 제약이 없기에 마음 편하게 즐길 수 있다.

그러나 좋아하는 게 일이 되면 다르다. 예를 들어 새로운 아이디어를 내는 일을 좋아한다고 해보자. 카피라이터로 일하며 직장에서 매일 새로운 카피를 고민하는 사람이 있다. 매일 아침부터 밤늦게까지 새로운 카피를 만들어 내야 한다면 과연 그 일은 즐겁기만 할까? 작은 신문사에서 매일 몇 개씩 기사를 기계처럼 작성해야 한다면 과연 그 일은 항상 즐거울까? 일이 직업이 되는 순간 스트레스는 반드시 따라온다. 스트레스를 감당하고 성과를 내기 위해서는 분명 내가 맡은 일을 잘해야 한다.

여기서 중요한 점이 하나가 있다. 내 재능을 바탕으로 잘할 수 있는 일을 찾을 때 절대로 다른 사람과 비교하지 말아야 한다는 것이다. 우린 너무 자연스럽게 같은 일을 하는 누군가를 의식한다. 나보다 더 뛰어난 능력을 내는 누군가를 바라보며 내 재능을 의심한다. 그러나 그 누군가는 내가 아니다. 상대방은 나보다 더 일찍 재능을 키워 왔을 수도 있고, 안 보이는 곳에서 더 열심히 노력했을 수도 있다.

재능은 남과 비교할 수 있는 대상이 아니다. 단지 내가 가진 여러 능력 중 잘할 수 있는 재능을 찾길 바란다. 그리고 그 재능을 펼칠 노력을 하는 것이 먼저다.

둘째, 우리에겐 칭찬과 인정이 필요하기 때문이다. 어렸을 때로 돌아가 보자. 친구들과 초등학교 음악 시간에 합주하는데, 내 연주 실력이 뛰어나 선생님께 칭찬받았다면 그날부터 연주를 더 좋아하게 되고 잘하기 위해 더 많은 시간을 투자할 것이다.

어른이 되어서도 다르지 않다. 직장인들도 칭찬에 목마르다. 내가 낸 기획안이 상사에게 인정받았을 때, 노력한 프로젝트가 성공적으로 끝나 동료들의 찬사를 받았을 때 그 만족감은 이루 말할 수 없다.

이처럼 대부분의 사람에게는 칭찬과 인정이 중요하다. 누군가에게 인정받으려면 기본적으로 내가 맡은 일을 '잘'해야 한다. 이런 이유로, '좋아하는 일'보다는 '잘하는 일'을 선택해야 하는 것이다. 이를 통해 자아 만족감은 증대되고 꾸준히 일할 수 있는 동력을 얻을 수 있다.

10

진로를
정하면
행복해질까?

'내 능력을 충분히 발휘한다면 행복한 삶을 살 수 있을까?' 그럼, 여기서 또 한 가지 질문을 던진다. '행복한 삶이란 뭘까?' 각자가 정의하는 행복의 개념은 다르다. 그러나 한 가지 분명한 것은 행복감을 느끼려면 마음이 평안해야 한다는 것이다. 어떤 근심이나 걱정 없이 오직 내 모습 그대로 존재할 수 있는 상태여야 한다.

확실한 진로를 정하지 못해 힘든 하루를 버티는 사람에게 마음의 여유가 존재할까? 항상 고민하고 갈등하며 때론 좌절하고 슬퍼한다. 당연히 이런 사람의 삶은 행복과는 거리가 있을 것이다. "그런 것 없이도 편안하던데요?"라고 의문을 제기할 수도 있다. 어떤 사람들은 자신들도 잘 모르지만, 자신의 타고난 성향과 재능을 발휘하며 살고 있거나, 일하며 딱히 불편한 점이 없기에 힘들게 진로 고민하는 사람의 마음에 공감하지 못한다.

마지막 직장생활을 할 때, 나는 내 적성과 맞지 않는 업무를 하며 심적으로 지쳐 있었고, 내가 잘할 수 있는 일을 찾기 위해 준비 중이었다. 그때 동갑내기 동료는 "일이 바쁘고 어려울 때는 있었지만, 그렇게 다른 일을 찾고 싶다는 생각을 해 본 적은 없다"고 했다. 동료는 스스로 잘 모르고 있었지만, 사무 업무에 재능이 있었다. 이 친구가 올리는 보고서와 기안문은 다른 직원들보다 더 깔끔했고, 보고를 받는 사람이 알기 쉽게 정리하는 능력이 뛰어났다. 나만 이렇게 생각한 게 아니라 우리 팀의 선임들도 그 직원이 일 처리를 잘한다는 것을 이미 인정하는 분위기였다. 사무직 직원으로서 자신이 타고난 문서 작업 능력을 충분히 발휘하고, 또한 주변으로부터 인정받았기에 큰 문제없이 편안한 직장생활을 할 수 있었다.

그럼 누군가는 아무 근심 걱정 없이 회사생활을 잘하고 있는데 왜 나만 힘들어야 하는 걸까? 만약 한 주에 평균 40시간씩 30년을 일한다고 가정했을 때, 평생 6만 2,400시간을 일해야 한다. 초과 근무하는 시간까지 고려하면 실제 이보다 더 많은 시간을 일해야 하고, 하루로 따져 봐도 잠자는 시간을 빼면 집에서보다 회사에서 일하는 시간이 더 길다. 이렇게 긴 시간 동안 단순히 버티기 위해서, 돈을 벌기 위해서 내 모든 인생을 건다는 게 어찌 보면 너무도 억울하지 않은가?

우리는 모두 자신의 삶을 행복하게 살 권리가 있다. 지금 하는 일이 적성에 맞지 않아 고민이라면, 어떻게든 내가 행복할 수 있는 여건을 만드는 게 그 무엇보다 중요하다. 분명 내가 잘하는 일은 존재하고, 그 일을 통해 행복한 삶을 살 수 있다. 당신은 그럴 가치가 충분하다.

CAREER STRATEGY

방황하는

MZ세대,

우리는 대체

왜 이럴까?

01

지금 이 나이에
진로 고민을
하는 게 맞나?

진로 설정은 언제 해야 하는 걸까? 결론을 이야기하면 정해진 답이 없다. 일반적으로 진로 설정을 청소년기에 하는 걸 정답이라고 생각한다. 중·고등학교 때 진로를 정하고 대학에서 관련 학과에 들어가 이를 기반으로 사회에 진출한다. 만약 이 과정에서 아무런 문제없이 만족하는 직업을 찾았다면 가장 이상적일 것이다. 그러나 세상은 매우 복잡하고 다양해졌다. 대학에서 공부할 때 교수님께서 이렇게 말씀하셨다. "미래에 개인은 평균 4번 직업을 바꿀 것이다." 그때 나도 교수님의 말씀에 어느 정도 동의는 했지만, 사회가 이렇게 빨리 변할 줄은 몰랐다.

부모님 세대는 '평생직장'이란 개념이 존재했다. 직장에 들어가서 정년이 될 때까지 차근차근 커리어를 쌓아 나가는 것을 직장생활 그리고 인생의 정석으로 여겼다. 그러나 지금은 '평생직업'이란 말이 더 많이 쓰이는 시대가 됐다. 예를 들어 아나운서라는 직업을 살펴보자. 아나운서는 예나 지금이나 많은 이들이 매우 선호하는 직업 중 하나다. 공중파 아나운서는 한 해에 극히 소수의 인원만 선발하고, 경쟁률은 수천 대 일을 넘어선다. 이렇게 어렵게 아나운서가 된 사람들은 특별한 사유가 없다면, 오랫동안 한 방송사에서 일하는 것을 당연하게 생각했다.

그러나 지금은 어떤가? 공중파 아나운서라는 삶 대신 프리랜서 방송인으로 전향하는 일명 '프리선언'이 더 이상 어색한 일이 아니다. 높은 경쟁률을 뚫고 아나운서가 되었지만, 정년이 보장된 정규직 신분을 버리고 '프리랜서'의 길을 걷는 것이다. 우리 부모님 세대가 과연 이런 일을 이해할 수 있을까? 누군가는 이야기할 것이다. '인기가 많으니 프리랜서를 해도 당연히 잘 풀리겠지.' 하지만 자신이 생각하기에 대중들에게 인기가 많다고 해서, 프리랜서로 뛰어드는 일에 두려움이 없겠는가? 그리고 아나운서를 그만두고 의사가 되기 위해 다시 공부하거나, 사업을 하겠다며 그만둔 아나운서들을 어떻게 설명할 수 있을까?

　개인도 마찬가지다. 내가 초등학교에 다니던 때만 해도 게임은 말 그 대로 청소년에게 유해하다는 사회적 시선이 지배적이었다. 밤늦게 게임 을 하면 부모님에게 등짝 스매싱을 맞기 일쑤였다. 하지만 지금은 세상 이 달라졌다. 게임도 스포츠의 하나로 간주한다. 골드만삭스에서 발표한 'e스포츠 글로벌 시장 전망' 보고서에서는 e스포츠 시장 규모가 2021년 21억 7,300만 달러(약 2조 4,280억 원)에서 2022년 29억 6,300만 달러 (약 3조 3,112억 원)로 성장할 것으로 전망한다. 또한 한국콘텐츠진흥원 이 공개한 프로게이머 평균 연봉은 1억 7,558만 원이라고 한다.

　급변하는 시대에서 청소년기에 자신의 진로를 명확히 설정한다는 건 매우 어려운 일이다. 또 대부분 청소년기에는 자신의 진로를 '직업'으로 연결한다. 직업을 최종 목표로 정하고 이를 이루기 위한 계획을 세워 나 간다. 하지만 진로 설정은 자신의 재능을 살피고 어떤 분야로 나아가야 겠다는 방향 설정을 하는 단계이다. 따라서 진로를 꼭 직업에 국한할 필 요는 없다.

이제 다시 처음의 질문 '진로 설정은 언제 해야 하는 걸까?'에 대해 답해 보자. 내 결론은 '개인마다 다르다.'이다. 자신만의 진로를 설정해 사회생활을 시작했지만, 막상 겪어 보니 적성에 맞지 않을 수도 있다. 40대까지 야근도 불사하며 회사에서 열심히 일했지만, 권고사직을 당했을 수도 있다. 정년까지 열심히 일했지만, 아직 체력적으로 충분해 10년간은 다른 일에 도전해 보고 싶은 사람도 있다. 모두가 처한 상황은 다르다. 자신의 여력에 맞게 나만의 진로 설정을 해 나가면 되는 것이다.

진로 설정에 늦고 빠름이란 없다. 운동장 한가운데서 똑바로 앞만 보고 걸어간다고 가정해 보자. 한참 뒤에 자신이 걸어온 길을 돌아보았을 때, 정확하게 자신의 의도대로 일직선으로 걸어간 사람은 없을 것이다. 인생도 마찬가지다. 처음 생각한 대로만 이뤄지지 않는 것이 '진로(進路)'다. 진로라는 뜻 자체도 '나아갈 진(進)', '길 로(路)' 즉 앞으로 나아간다는 뜻이다. 앞으로 나아가며 수없이 목표를 수정할 수 있다. 그러니 내가 다른 사람에 비해 조금 늦었다고, 상심할 필요도 없고, 지금 선택으로 일을 언제까지 계속할 수 있다는 확신을 가질 수도 없다. 그러니 너무 늦은 나이에 진로 고민을 하고 있다고 스스로 자책하지 않았으면 한다. 지금이 당신의 진로를 설정할 최적의 시기니까.

02

자녀의 진로를
대하는 4가지
부모 유형

자녀의 진로 설정은 부모의 역할에 따라서 크게 달라진다. 진로 코칭을 진행하며 많은 청년이 자신의 진로에 대해 부모와의 견해 차이로 많은 어려움을 겪고 있다는 걸 알게 됐다. 이 계기로 '어떤 부모가 자녀를 올바른 방향으로 이끌 수 있을까?'에 관해 고민했고, 크게 4가지 유형으로 분류할 수 있었다.

먼저 '조력자형'이다. '조력자형'의 부모는 자녀의 강점과 약점은 물론 성향까지 정확히 파악하고 있다. 자녀가 성장함에 따라 드러나는 적성과 재능을 민감하게 파악하며, 그 재능을 살리려 노력한다. 자녀가 잘할 수 있는 일을 찾는 것을 최우선 순위로 둔다. 하지만 직접적으로 자신이 생각한 방향으로 자녀를 이끌지 않는다. 자녀 스스로 자신의 미래를 설계할 수 있도록 돕고, 필요하다면 적극적으로 지원한다.

두 번째는 '매니저형'이다. '매니저형' 부모는 부모가 중심이 되어 자녀의 진로를 설계한다. 국어, 영어, 수학 등 주요 과목뿐만 아니라, 때에 맞춰 예체능 교육을 하며 자녀를 이끈다. 자녀에 관심이 많은 '조력자형'과 유사해 보이지만, 간접적으로 돕는 '조력자형'에 비해 직접적으로 자녀의 진로에 개입한다. 우리나라의 전통적인 양육 방식에서 많이 보아 온 유형으로 부모가 자녀의 재능을 파악할 수 있는 통찰력이 있다면 자녀에게 도움이 되겠지만, 자녀의 재능과 의사와는 별개로 자신만의 가치관을 주입하거나 이끈다면 결국에는 좋은 결과를 내지 못한다. 자녀가 성인이 된 후 다시 한 번 진로 갈등을 겪게 되는 원인을 제공한다.

세 번째는 '방임형'이다. 이 유형의 부모는 2가지 세부 유형으로 나눌 수 있다. 먼저, 부모가 너무 바빠 아이를 제대로 돌볼 수 없을 때다. 예를 들어 부모가 맞벌이하는 경우 자녀가 어린 시절부터 작은 일들은 스스로 해결하고 결정한다. 자녀 스스로 자신의 인생에 관해 계획을 세우고 자발적으로 살아간다. 또한 학교에서 꾸준히 진로 교육을 받거나 훌륭한 선생님의 도움이 있다면 올바른 진로 설정을 할 수 있다. 다른 하나는 자녀의 독립성을 키우고자 부모가 어떤 개입도 하지 않는 경우로, 우리나라에서 흔치 않은 유형이다.

마지막은 '절대자형' 부모다. 부모가 자녀의 미래 진로를 이미 모두 다 계획을 끝낸 상태로 자녀의 의지가 개입될 여지는 존재하지 않는다. 자녀의 생각은 중요치 않다. 자녀에게 관심도가 높은 '매니저형'과는 이런 점에서 차이가 있다. 이런 유형은 가족의 가업을 이끌어야 한다거나 대대로 특정 직업을 대물림해 온 집안이어서 당연히 자녀들도 같은 길을 걸어가야 한다고 생각한다. 그 결과 자녀 스스로 자신의 진로를 설정할 기회는 상대적으로 적어진다.

커리어 코치 관점에서 본다면 앞의 4가지 유형 중에서 '조력자형' 부모를 가장 이상적이라 할 수 있을 것이고, '절대자형'이나, '매니저형' 부모의 양육 방식으로 자란 자녀는 진로를 주체적으로 설정하기에는 어려운 상황에 속한다고 할 수 있다. '매니저형'의 부모보다는 자신이 스스로 진로를 설계할 힘을 길러 주는 '방임형'의 부모가 낫다는 생각이다.

그럼 각자 자라온 부모와의 관계에 따라 모든 진로가 결정되는 것일까? 이는 절대적이라 이야기할 수는 없다. 그러나 분명한 건 부모와의 관계나 진로를 대하는 부모의 방식이 자녀의 자아 형성에는 물론, 진로 설정에도 큰 영향을 줄 수 있다는 점이다.

03

인정하는 부모
vs
설계하는 부모

어떤 부모가 자녀의 진로 설정을 성공적으로 이끌 수 있을까?

대학에서 물리학을 가르치는 교수의 딸이 갑자기 고등학교 2학년 때 학교를 그만두고 싶다는 이야기를 꺼냈다. 교수는 어떠한 이야기도 묻지 않고 딸의 의견에 동의해 주었다. "왜 이유를 묻지 않았느냐?"고 물었더니, "굳이 서로 불필요한 이야기까지 나누게 될까 봐 그랬다."라고 한다. 본인 스스로 수없이 많이 고민하고 결정한 일이므로, 자녀의 결정을 있는 그대로 인정하고 존중해주기 위해서였다는 말이다.

이 일화는 투애니원(2NE1)의 멤버였던 가수 씨엘과 그 아버지의 이야기이다. 당시 씨엘은 아침 7시부터 새벽 3시까지 학업과 가수 연습생의 역할을 동시에 수행하느라 많이 지쳐 있었고, 자기 일에 집중하기 위해 고등학교 자퇴를 결심했다고 이야기한다. 열린 사고방식을 지니고 진정으로 딸을 사랑하는 방법을 알고 있던 아버지 덕분에 국내외 최고의 아티스트로 평가받는 가수 씨엘이 존재할 수 있었던 건 아닐까?

많은 부모는 자녀의 진로를 직접 설계하려는 모습을 보인다. 청소년기에 자녀는 아직 세상 물정을 잘 모르니, 사회 경험이 풍부한 부모가 자녀에게 적합하다고 생각하는 길을 제시하고, 그 계획대로 실행하도록 지원하는 것이다. 하지만 여기서 크게 간과한 점은 바로 자녀를 아직 미성숙한 존재로 간주했다는 것이다. 청소년들도 자신만의 생각이 있다.

어떤 분야에 관심이 가고, 가슴이 뛰는지는 각자 충분히 판단할 수 있는 나이이다. 진로 설정의 중심은 반드시 자녀에게 있어야 한다. 부모의 생각이 더해지는 순간 진로의 방향성이 흔들리기 마련이다.

또한 부모가 자녀의 진로를 설정해 줄 때 발생하는 더 큰 문제는 자녀 스스로 어떤 일을 선택하고 결정할 힘을 잃어버릴 수 있다는 것이다. 한 사람의 인생에서는 대학 입시, 취업, 결혼 등 각자가 선택해야 할 중요한 순간들이 있다. 이 순간에 자기 스스로 자신의 인생을 선택하고 그 결정에 책임지는 방법을 배우는 것은 너무도 소중한 기회이다. 자신의 진로를 설정하는 과정에서부터 부모를 포함하여 타인의 가치관에 큰 영향을 받는다면 성인이 된 이후에 마주하게 될 인생의 수많은 선택의 순간에 자신만의 가치관이 담긴 결정을 하기 어려워진다.

가장 중요한 건 '자녀의 있는 그대로를 인정하고 존중하는 태도'다. 사람은 태어난 이유와 쓰임이 모두 다르다고 한다. 자녀의 타고난 성향과 그에 따른 재능을 발현할 수 있도록 돕고 있는 그대로 바라봐주는 여유로운 마음을 가질 때, 부모와 자녀 모두가 바라는 진로를 찾을 수 있을 것이다.

04

자신과 같은 길을
걷지 않게 하려는
부모의 심리

"이 길을 걷는 건 너무 힘들잖아요….."

은퇴한 운동선수들을 인터뷰하는 자리에서 가끔 리포터들이 "자녀가 운동선수가 되고 싶다고 하면 어떻게 하실 건가요?"라는 질문을 하는 경우가 있다. 그럴 때마다 대부분은 자신이 걸어온 운동선수라는 길이 너무 힘들어 자녀에게는 시키고 싶지 않다고 이야기한다. "그래도 자녀가 한다고 하면요?"라고 재차 물으면 잠시 고민에 빠진 뒤 "그럼 한번 고민해봐야 할 것 같아요."라고 말하며 복잡 미묘한 표정을 짓는다.

운동선수뿐만이 아니다. 실제로 내가 공공기관에서 근무할 때 정년퇴직하시는 분이 자기 자녀는 다른 직업을 구하면 좋겠다고 이야기했던 기억이 있다. 부모의 이런 생각은 내 자식이 고생을 덜했으면 하는 마음에서 비롯되었을 것이다.

한편, 여기서 한번 고민해 볼 주제가 있다. 바로 '유전'의 힘이다. 직업상담에서는 상담 기법 중에 '제노그램(genogram)'이란 방법으로 한 사람의 진로를 찾아간다. 제노그램이란 한마디로 유전적인 요소를 반영한 '직업가계도'인데, 자신의 아버지와 어머니의 직업은 물론 조부모의 직업을 바탕으로 혈연관계에 있는 사람들이 어떤 재능을 보이고, 직업을 선택했는지 확인한다.

이 과정을 거치며 가족 간의 공통된 직업적 특징을 발견할 수 있다. 우리 주변에도 음악이나 운동 능력이 뛰어난 사람의 가족이나 친척 중에서 비슷한 재능을 보이는 사람을 흔히 볼 수 있다. 이처럼 유전의 영향은 우리의 타고난 성격은 물론 재능과 밀접하게 연관되어 있다.

부모의 재능을 이어받고, 평소 생활 방식을 곁에서 보고 자란 자녀는 자연스럽게 부모와 비슷한 길을 걷게 된다. 여기서 중요한 건 바로 자녀의 목소리에 귀 기울이는 태도이다. 자신이 걸어온 길이 힘들어서 자녀는 자신과 다른 길을 걷게 하고 싶다는 생각은 자녀가 아니라 부모의 마음에서 나온 것이다. 물론 자녀를 사랑하는 부모의 마음조차 무가치하게 여긴다는 뜻은 아니다. 하지만 진로 설정에 있어서는 자녀의 생각과 가치관이 선택의 1순위가 되어야 하며 앞서 이야기한 4가지 부모의 유형 중 '조력자형' 부모처럼 자녀의 마음을 잘 읽고 지지해 주었을 때 부모와 자녀 모두 행복한 진로 설정을 할 수 있다는 뜻이다.

자식을 '잘 지켜봐 주는 것'은 생각보다 매우 어렵다. 하지만 걸음마를 배우는 아이가 계속 넘어진다고, 넘어지려 할 때마다 손을 잡아 준다면 그건 정말 아이를 위한 일일까? 혼자 힘으로 당당히 걸음을 걸을 때까지 묵묵히 곁에서 지켜봐 주고 응원해 주는 것이 부모의 역할이다. 자녀가 성장해서도 마찬가지다. 자녀가 도움을 청할 때, 자녀의 입장에서 들어주는 역할만으로도 충분하다. 정말 자녀의 행복한 삶을 응원한다면, 한 걸음 떨어져서 지켜봐 주는 게 부모의 역할 아닐까.

자신의 진로를 대하는 3가지 개인 유형

자녀의 진로를 대하는 부모의 4가지 유형이 있다면, 자신의 진로를 대하는 개인의 유형은 다음과 같이 나눌 수 있다.

첫째, '순응형'이다. '순응형'이란 부모가 설정하는 자신의 진로에 아무런 이견 없이 따르거나, 부모가 자신을 충분히 파악하고 있다고 믿고, 부모의 의사결정을 그대로 신뢰하는 경우다. 만일 부모가 앞서 이야기한 대로 내 재능과 강점을 정확히 파악하고 이를 살려주는 '조력자형'이거나, 부모의 영향력이 조금은 강하지만 자녀의 성향과 재능을 제대로 파악하고 있는 '매니저형'의 부모라면 큰 문제는 발생하지 않는다. 하지만 부모가 자녀를 제대로 파악하지 못한 상황에서, 자녀도 아무 의심 없이 이를 받아들였다면 분명 이후 삶의 어느 순간에 진로 재설정이 필요한 시기가 오며, 큰 방황을 할 가능성이 존재한다. 자신의 의견이 반영되지 않은 진로 설정은 항상 위험을 동반한다.

둘째, '저항형'이다. 저항형의 특징은 개인이 자신만의 가치관이 뚜렷하고 앞으로 어떤 진로 방향으로 나아갈지 명확히 인지하고 있다. 부모의 개입이 강한 유형인 '매니저형'이나, '절대자형' 부모가 자녀를 자신들이 선호하는 진로로 이끌 때, 자녀가 그 의견에 동의한다면 큰 문제는 발생하지 않는다. 그러나 서로 생각하는 바가 다를 때에는 성장기에 큰 갈등을 일으킬 확률이 높다. 저항형의 자녀는 자기 생각이 옳다고 믿기에 부모가 어떤 제안을 하든 자신만의 생각을 밀어붙인다. 이런 상황이 꼭 바람직하다고 할 수만은 없다. 부모와 자신의 진로에 관한 가치가 일치하며 갈등 없이 성장하는 것이 가장 바람직할 것이다.

그러나 만일 부모와 자식 간의 가치관이 서로 다르다면 앞서 제시한

'순응형'보다는 '저항형'의 개인 유형이 더 나을 수 있다. '순응형'이 만일 자신과 맞지 않는 진로를 선택한다면, 자신의 진정한 진로를 찾아 나가는 시간이 매우 늦어지거나 포기하기에 이를 수 있다.

예를 들어, 대학 진학 후 사회생활을 시작하고 나서 뒤늦게 자신의 길이 아니란 것을 파악했을 때. 이때는 그동안 투자해 온 시간과 돈이 너무도 많기에 쉽게 다른 진로를 찾지 못한다. 자신과 맞지 않는 일이란 생각이 들어도 다른 진로 찾기를 두려워하고, 결국 현실에 순응하는 모습을 보인다. 일생에서 일을 통한 즐거움은 포기한 상태에 이르고, 자신의 인생도 순응하는 태도로 살아간다.

하지만 '저항형'은 일단 자신이 생각하는 일을 시도한다. 자신이 선택한 길이기에 잘 해내야겠다는 마음을 갖고 최선의 노력을 한다. 부모와의 갈등이 있었다면 자신의 선택이 옳았다는 것을 증명하기 위해 자기 일에 더욱 매진한다. 또한 스스로 선택한 길이기에 모든 노력을 다해 목표를 이룬다. 만일 실패한다 해도 다른 누군가를 원망하지 않고, 현실을 그대로 받아들인다. 또 스스로 최선을 다해 본 경험을 자양분 삼아 또 다른 목표를 세우더라도 더 열심히 해 나갈 능력이 있다.

마지막은 '포기형'이다. 부모가 이끄는 대로 인생을 살고 싶지는 않고, 그렇다고 당장 어떤 일을 해보고 싶은 생각도 없다. 부모와의 계속된 갈등으로 지쳐 어떤 결정도 내리지 않은 채 그냥 시간이 흘러가는 대로 자신의 인생을 맡긴다. 자신의 의지로 진로를 결정할 수 있을 것이라는 확신이 없다. 이런 상황은 예로 든 사례 중 가장 악조건인 경우로, 커리어 코치의 관점에서도 매우 힘든 상황이라 할 수 있다. 이런 상황에서는 부모는 자녀의 의견에 더욱 귀 기울여주어야 하고, 자녀가 자신만의 진로 가치관을 세울 수 있도록 기다려 주어야 한다. 자녀도 자기의 인생을 주체적으로 살 수 있도록 자신만의 재능을 알아가려는 노력을 하며 미래를 준비해야 한다.

나의 경우는 '순응형'이었다. 대학에 들어가면 진정 내가 원하고 바라는 진로 분야가 생길 거라 굳게 믿었고, 고등학교 3학년 내내 단 하루도 야간자율학습을 빠지지 않는 성실한 학생이었다. 그러나 내게 맞는 '진로'를 찾는 건 너무도 어려운 일이었고, 사회에서 흔히 말하는 편안하고 안정적인 길만 따라갔다. 그러나 이런 삶의 태도가 '나에게'는 맞지 않는다는 것을 사회초년생이 되어서야 뼈저리게 느꼈다. 이후, 코칭을 공부하며 진정 내가 원하는 일을 찾기 위해 치열하게 노력했다. 이런 노력의 결과 드디어 내가 좋아하고 잘할 수 있는 '커리어 코치'라는 직업으로 더 나은 삶을 살게 됐다.

분명 이런 유형 외에도 진로를 대하는 다양한 관점이 있을 것이다. 정답은 없다. 하지만 중요한 것은 자신의 현재 상황을 명확히 인지하고 진로 설정을 통해 행복한 인생을 살아가겠다는 마음을 갖는 것이다.

▶ 나는 진로를 대할 때 어떤 유형인가요? 왜 그렇게 생각하나요?

_____

_____

_____

_____

_____

_____

_____

_____

_____

_____

MZ세대의 빛나는 인생을 위한 커리어 코칭

▶ 나의 부족한 점은 무엇이고, 앞으로 어떻게 개선해 나갈 수 있나요?

_____

_____

_____

_____

_____

_____

_____

_____

_____

CAREER STRATEGY

3장

우리에게

필요한

12가지

진로 가이드

나 자신을
아는 것이
먼저다

자기소개서를 첨삭하는데, 첫 문장에 다음과 같이 적혀 있었다.

'저는 MBTI 검사 결과 ENFJ 성격 유형으로서 책임감이 강하고 평소 친구들과의 관계도 원만하게 유지해 오고 있습니다.'

최근 MZ세대를 중심으로 MBTI 검사가 크게 유행하고 있다. MBTI (The Myers-Briggs Type Indicator)는 정신분석학자 칼 구스타브 융

(Carl Gustav Jung)의 심리학 이론을 활용하여 개발한 성격 유형 지표로, 사람의 성격을 16가지 유형으로 나눈 심리 검사의 한 종류이다.

채용 자기소개서에서 자신의 성격 유형 검사 결과를 기반으로 자신을 소개한다는 것이 놀랍기도 하고, 조금은 낯설게 느껴진다. 실제로 몇몇 기업에서는 자기소개서에 '자신의 MBTI 유형을 소개하고, 이를 기반으로 자신의 장단점을 사례로 들어 소개하시오.'라고 문항을 제시한다거나, 자사 채용 지원 사이트에 지원자의 MBTI 결과를 입력하라는 등 이미 채용 과정에서 활용하고 있다.

그렇다면 갑자기 왜 이렇게 MBTI 검사가 대중적인 유행을 끌게 된 것일까? 관련 전문가는 코로나19 사태로 미래가 불확실해지다 보니 그 반대로 보상심리가 생겼고, 자신에 대해서 확신을 갖고 싶어 하는 심리가 반영된 결과라고 이야기한다. 또한, 전문가들은 대체로 MBTI를 과도하게 맹신하는 것에 우려를 표하고 있고, 나 역시 그 의견에 동의한다.

하지만 한편으로는 많은 사람들이 자신을 파악하기 위해서 관심을 기울인다는 사실 자체는 긍정적으로 받아들일 수도 있겠다는 생각이 든다.

'자신을 제대로 파악하는 것'은 진로를 탐색할 때도 매우 중요하다. 나만의 진로를 찾기 위한 첫 단계는 바로 '나를 아는 것'이다. 나는 나를 잘 알고 있을까? 물론 나를 가장 잘 알고 있는 것은 자기 자신이다. 그러나 사실 대부분의 사람은 주위 환경과 타인에게는 민감하게 반응하면서도, 정작 내 마음에 관해서는 무관심한 경향이 있다. 먼저 아래 내용에 답해 보자.

1. 나는 어떤 일을 할 때 즐거움을 느끼는가?
2. 내가 가장 자신 있는 강점 3가지는 무엇인가?
3. 내가 의미 있다고 생각하는 일은 무엇인가?
4. 인생에서 이루고 싶은 목표는 무엇인가?
5. 직업은 내 삶에 어떤 의미가 있는가?

누군가는 이와 같은 질문에 바로 답할 수도 있을 것이고, 또 누군가는 한참을 고민하다가 적당한 답을 생각해 내기도 할 것이다. 전자는 평소에 자신의 마음에 관심을 기울이는 사람이다. 그래서 본인이 어떤 일을 좋아하고, 강점과 약점이 무엇인지 파악하고 있으며, 의미 있게 생각하는 일이 무엇인지 알고 있다. 그러나 대부분의 사람은 학업이나 일에 열중하느라 정작 자신의 마음에는 소홀하기 쉽다.

실제로 진로 코칭을 할 때, 앞에 제시했던 질문들을 기반으로 만든 '사전 질문지'를 고객에게 전달한다. 이때, 평소 자신에 대한 파악이 부족했던 고객은 사전 질문지를 받으면 처음에 당혹스러워하기도 하고, 작성하는 데 매우 긴 시간이 필요할 때도 있다. 경험 많은 코치가 고객의 성향과 강점을 파악하고, 진로 심리 검사 결과를 제공하여 고객에게 적합한 진로 유형을 제시해 줄 수는 있다.

그러나 이런 과정은 진로 코칭에서 상대적으로 크게 중요한 요소는 아니다. 자신이 그토록 찾고 싶어 하는 '진로'는 이미 자신의 마음속에 잠재되어 있다. 코치는 고객이 자신의 마음을 더욱 잘 파악하고 이를 끌어낼 수 있도록 도와주는 역할을 할 뿐이다.

나만의 '진로'를 찾고 싶다면 먼저 내 마음에 귀를 기울여 보자. 내가 진짜 원하는 것은 무엇인지 나만의 진로 가치관을 명확하게 설정해야만 내게 어울리는 진로를 찾을 수 있다. 또한 직장생활을 하면서도 '어떤 일을 할 때 에너지가 상승하는지, 어떤 동료들과 일할 때 편안함을 느끼는지' 자주 자신의 마음을 파악하려고 노력한다면 더욱 만족스러운 사회생활을 할 수 있다. 내 꿈과 진로에 관심을 갖고 꾸준히 발전시켜 나간다면 누구나 더 나은 삶을 살 수 있을 것이라 믿는다. 내 마음도 애정을 갖고 관심 있게 들여다보아야 보인다.

MZ세대의 빛나는 인생을 위한 커리어 코칭

1. 나는 어떤 일을 할 때 즐거움을 느끼나요?

2. 내가 가장 자신 있는 강점 3가지는 무엇인가요?

3. 내가 의미 있다고 생각하는 일은 무엇인가요?

4. 인생에서 이루고 싶은 목표는 무엇인가요?

5. 직업은 내 삶에 어떤 의미가 있나요?

_____

_____

_____

_____

_____

_____

_____

02

내면의
목소리에
귀 기울여라

사람들은 진로 고민이 있을 때 어떻게 해결할까? 보통 청소년기에는 부모님과 상의하기도 하고, 성인이 되면 친구나 학교 선배에게 고민을 털어 놓기도 한다. 이때 내 성향과 가치관을 객관적으로 파악하여 도움이 되는 이야기를 해주는 사람이 있다면, 매우 현명하고 효율적으로 자신의 진로를 찾을 수 있다.

그러나 다른 사람에게 자신의 진로 고민에 관해 물을 때 2가지 사항은 반드시 고려해야 한다.

첫째, 다른 사람의 가치관이 나와 같지 않다는 것을 알아야 한다. 예를 들어 대부분의 부모는 사회생활을 하며 이미 많은 어려움을 겪었기에, 자녀가 직업 안정성이 보장되는 직장에 다니는 것을 선호한다. 이때 내가 안정적인 삶을 추구하는 성향이라면 큰 문제가 없다. 하지만 내가 안정보다는 도전을 추구하는 사람이라면, 부모님께 내 진로에 대해 조언을 구하는 게 큰 도움이 되지 않는다. 각자 추구하는 삶의 방향이 다르기 때문이다.

친한 친구나 선배도 마찬가지다. 비슷한 연령대이기에 얼추 생각이 비슷할 수는 있으나, 사실 각자가 지닌 진로에 대한 가치관은 모두 다르다. 취업을 준비할 때 누군가는 대기업처럼 큰 조직에 속해서 일하는 것을 선호할 수 있고, 누군가는 비록 작은 회사이지만 내가 원하는 전문 분야를 살릴 수 있는 일을 선택할 수 있다. 예를 들어 언론학을 전공했다면 누군가는 광고인이 되기 위해 광고회사에 들어갈 수도 있고, 다른 누군가는 학문을 더 깊이 연구하기 위해 대학원에 진학할 수도 있다. 즉, 각자 추구하는 방향이 다를 경우, 타인의 조언이 크게 도움이 되지 않을 수도 있다는 걸 알아야 한다.

물론 고민이 생기면 마음이 통하는 누군가에게 묻는 건 자연스러운 일이다. 그러나 곰곰이 자신의 마음을 들여다보면 답은 이미 오래전 스스로 내린 경우가 많다. 이미 마음속에 답은 내렸으나, 누군가 내 결정에 힘을 보태주길 원하기 때문에, 그리고 자신의 답이 맞는지 확인하고 싶어서 묻는다.

둘째, 대부분의 사람은 상대방의 말을 듣는 것보다는 판단하고 조언해주려 한다. 코칭의 기본 개념은 '고객을 있는 그대로 인정하는 것'이다. 전문 코치는 고객을 평가하지 않는다. 객관적으로 고객의 고민을 바라보고, 그동안 알지 못했던 재능과 강점을 함께 찾아 나간다. 고객의 의견에 자신의 가치관을 주입하려고 한다면 절대 옳은 방향으로 나아가지 못한다. 하지만 대부분의 부모님이나 친구 또는 선배는 자기 생각을 기반으로 조언하려 한다. 이때 나는 나만의 생각과 가치관에 집중하지 못하고, 타인의 조언을 판단의 기준으로 삼게 될 수 있다. 더 나아가 내 생각이 잘못되었는지 의심하게 될 가능성도 있다. 결국 자신 내면의 목소리에 집중하지 못하고, 상황을 객관적으로 바라볼 수 없게 된다.

가장 중요한 건 내면의 목소리에 귀 기울이는 것이다. 모든 사람은 자신에게 잘 맞는다고 느끼는 삶의 방향이 있다. 그러나 진로를 찾지 못한 사람은 어렴풋이 내가 원하는 방향을 알고는 있지만 용기를 내지 못했거나 또 다른 이유로 그 직감을 실현하지 못한 것일 뿐이다. 자신의 진로에 확신이 있는 사람들은 단지 이 과정에서 자신만의 '직감'을 믿고 용기 있게 한 걸음을 내디뎠다. 모든 사람에게는 나만의 진로를 설정해야 할 시기가 있다. 늦지 않았다. 자신만의 직감을 믿고, 앞으로 나아가려는 용기만 있다면 분명 내가 원하는 방향을 찾게 될 것이라 믿는다.

03

진로의
방향성을
찾아라

최근 '번아웃 증후군(burnout syndrome)'으로 고통을 호소하는 사람들이 많다. '번아웃 증후군'이란 의욕적으로 어떤 일에 몰두하다가 한순간에 신체적, 정신적인 피로감을 호소하는 증상을 말하는데, 한 가지 일뿐만 아니라 여러 가지 일들을 동시에 수행해 업무가 가중될 때도 발생한다.

이때 몸에 쓸 힘이 남아 있지 않아 더는 어느 일도 손에 잡히지 않고, 머리가 제대로 돌아가지 않는다는 느낌을 받는다.

마음도 마찬가지다. 마음에도 체력이 있다. 마음이 지치면 무기력감에 빠져 일상을 제대로 보내지 못할 뿐더러 새로운 일을 시도할 수도 없다. 진로 설정에 어려움을 겪는 사람 중 대부분은 마음이 지쳐 있는 경우가 많다. 그동안 이런저런 새로운 일에 도전했지만, 자신의 역량이 부족했거나 혹은 여러 이유로 시도했던 일을 지속하지 못하고 다른 진로를 찾아 방황하는 경우다. 이럴 땐 신체적인 힘은 물론 마음의 체력이 고갈되어 더는 새로운 시도를 할 의지가 남아 있지 않게 된다.

마음의 체력이 떨어지는 또 다른 이유가 있다. 바로 끊임없이 열심히 자기 개발해야 한다는 강박 때문이다. 요즘에는 사회 초년생들의 취업은 물론 경력직의 재취업도 어렵다 보니 취업을 한 뒤에도 미래 준비를 위해 꾸준히 자기 개발을 하는 직장인들이 많다. 아침에는 전화 영어를 하고, 퇴근 후에도 자격증 시험에 도전하는 등 또 다른 커리어를 위해 무한한 노력을 한다. 열심히 사는 건 분명 의미 있는 일이다. 또한 앞날을 미리 대비하고 준비하는 자세도 칭찬받아 마땅하다. 하지만 습관적으로 열심히만 사는 사람들이 있다. 다른 사람들도 열심히 사는 것 같으니, 나만 가만히 있으면 뒤처지는 것 같고, 무언가를 해야만 한다는 강박에 시달리는 것이다.

이때 중요한 건 바로 '방향성'이다. 다시 말해, '무엇을 위해 열심히 사는지'를 알아야 한다. 내가 왜 아침에 전화 영어를 해야 하는지, 그 결과 구체적으로 얻을 수 있는 성과는 무엇인지 알아야 단순히 열심히 사는 것에서 벗어나, 목표를 이루기 위한 체계적인 노력을 할 수 있게 된다.

진로 설정에도 '방향성'이 없다면 문제가 발생한다. 뚜렷한 목표가 없다면 한 방향으로 꾸준히 나아가지 못하고 계속해서 다른 일들을 찾게 되기 때문이다. 예를 들어 커피숍에서 매니저로 일하다가 갑자기 공공기관 계약직 직원으로 근무하거나, 또 이번에는 공무원 시험을 준비하는 등 두서없이 이 분야 저 분야를 오가는 커리어를 보이는 경우이다. 분명 개인적인 사유가 있을 수 있고, 당장 돈이 급해서 닥치는 대로 일을 구할 수도 있다. 하지만 실제 개인의 커리어에는 큰 도움이 되지 않는다.

이직할 때도 마찬가지다. 직급을 높여서 더 많은 보수를 받는 곳으로 자신의 직무 전문성을 살려 나간다면 도움이 된다. 하지만 전혀 생소한 분야에서 계속 처음부터 다시 시작하는 모습을 보인다면 급여 수준은 물론이고 전문적인 역량 발전의 기회는 사라지고 만다. 한 분야에서 꾸준히 자신만의 전문성을 쌓아 나가야 원하는 목표를 이룰 수 있다.

대학에서 언론정보학을 전공할 때, "졸업 후 꼭 기자가 되고 싶다."라고 말하는 후배 한 명이 있었다. 처음부터 기자를 꿈꾸고 언론정보학을 선택했고, 대학에 다니면서 시민 기자 활동을 하며 실제 기자라는 직업이 자신의 성향과 맞는지를 확인했다. 졸업이 다가오자 메이저 신문사에서 인턴 기자로 활동했고, 결국 공중파 방송사에서 방송 기자가 되어 자신의 꿈을 이뤘다.

일찍부터 자신의 진로를 설정하고, 꿈을 이루기 위해 차근차근 커리어를 쌓아나갔기에 가능한 일이었다. 만일 구체적인 방향성 없이 대학 생활을 했다면 그 꿈을 이루는 데는 더 오랜 시간이 걸렸을 것이다. 중요한 건 '방향성'이다. 나만의 뚜렷한 목표를 세우고 돈, 시간, 체력 등 한정된 자원을 현명하게 사용한다면 분명 내가 원하는 꿈에 더 빨리 다가갈 수 있을 것이다.

04

편견을
극복하고
그대로 인정하라

결혼하고 나면 일명 '신혼'이라 불리는 시기에 각자 집안일 분배를 하게 된다. '맞벌이인가? 누가 더 오랜 시간 회사에서 일해야 하는가?' 등 가정마다 상황이 달라 일반화할 수는 없지만, 지금 시대에 남자가 아무런 집안일도 하지 않는 가정은 없을 것이다.

어쨌든, 이 과정에서 서로 대화를 나누며 역할을 분배하기도 하고, 대부분은 자연스럽게 자신이 하는 일이 굳어진다.

아내와 나는 독립하지 않고 부모님 댁에서 살다가 결혼한 후에야 비로소 집안일다운 집안일을 했다. 이때 여러 일을 경험했는데, 의외로 나는 요리를 하는 데 편안함을 느꼈다. 여기서 편하다는 말은 잘한다는 뜻이 아니라, 처음 해보는 일이었지만 흥미가 있었다는 이야기다. 빨래를 개는 일이나, 화장실 청소와 같은 다른 집안일보다는 훨씬 수월하게 느껴졌다.

반면, 아내는 무언가 조립하고 만드는 데 즐거움을 느꼈다. 방 한 칸을 서재로 만들기 위해서 책장을 구입했는데, 아내는 조립된 완제품 책장을 구매한 것이 아니라, 재료들을 보내주면 직접 조립해야 하는 제품을 주문했다. 개인적으로는 '돈을 조금 더 들이더라도 완제품을 구입하는 게 낫지 않나?'라는 생각이 들어 아내에게 이유를 물었다. 알고 보니 아내는 어릴 때부터 무언가 조립하고 만드는 데서 즐거움을 느꼈다고 했다. 이후 조립용 책장이 배달됐고, 아내는 고도의 집중력을 발휘하며 책장을 조립해 나갔다. 힘쓰는 일들은 내가 도왔지만, 아내는 직접 드릴로 나사를 조이고 선반을 끼워서 맞추며 하나하나 만들어 갔다. 대략 50분쯤이 지나자 멋진 책장 하나가 완성됐고, 아내는 뿌듯함을 감추지 못했다. 그때 깨달았다. '사람마다 타고난 성향이 다르다'는 것을.

사회에서는 아직도 남녀 간에 다른 역할이 필요하다고 생각하는 사람들이 있다. 실제로 아는 여자 지인이 신입사원으로 영업직에 지원했는데, 최종 면접에서 임원 한 명이 여자인데 영업일을 잘할 수 있겠느냐는 질문을 했다고 한다. 사실 이 친구는 외향적인 성향에 교우관계도 매우 원만했다. 이 친구에게 영업직은 타고난 성향상 잘 맞았고, 8년이 지난 지금까지도 회사에서 인정받으며 즐겁게 근무하고 있다.

　반면에 남자임에도 불구하고 내향적인 사람도 있다. 이 친구는 대학생 때 대외 활동 선발 면접에서 심사위원의 질문에 자신감 있게 큰 목소리로 대답하며 의도적으로 외향적인 모습을 보였다. 실제로는 내향적임에도 면접에 합격하기 위해 전략적으로 자신의 성격과는 반대되는 행동을 한 것이다. 그러나 이 친구의 외향적인 모습에 반한 심사위원들이 하필이 친구를 해당 기수의 대표로 선발했고, 결국 다른 친구들을 리드하는데 어려움을 느낀 이 친구는 대외 활동을 그만두었다.

　외향적인 성격이 더 좋고, 내향적인 성격이 나쁘다는 건 편견이다. 각자 타고난 성향이 다르므로 자신만의 성향을 인정하고, 잘 발휘할 수 있는 분야에서 일하는 게 무엇보다 중요하다. 굳이 내가 아닌 다른 모습으

로 산다면, 결국 인간관계는 물론 사회생활에서도 어려움을 겪을 가능성
이 크다. 타고난 내 모습 그대로 인정하면 삶이 편해진다. 지금 그 모습
그대로 괜찮다.

M Z 세 대 의 빛 나 는 인 생 을 위 한 커 리 어 코 칭

▶ 나는 어떤 성향의 사람인가요?

_____

_____

_____

_____

▶ 나의 성향을 긍정적으로 발현하기 위한 방법은 무엇일까요?

_____

_____

_____

_____

05

나만의
항해일지를
작성하라

우리는 항상 너무 바쁘다. 청소년은 시험공부 때문에, 대학생은 취업 준비 때문에, 직장인은 일하고 가정을 돌보기에도 빠듯하다. 물리적인 시간은 물론 정신적으로 여유가 없다 보니 매 순간이 바쁘다.

또한 인생의 각 단계를 거치며 이뤄야 할 목표에 집중하다 보면 정작 내 마음에는 소홀해지기 마련이다. 보통 '생각하는 대로 사는 게 아니라, 사는 대로 생각하는 것 같다.'라는 말을 하는 건 이런 이유 때문이다.

그러면 어떻게 하면 생각하는 대로 살 수 있을까? 답은 꾸준한 관심과 메모에 있다. 아무리 바쁘더라도 내 마음을 돌아볼 시간을 갖는 것이다. 일주일 중 하루라도 잠깐 시간을 내어 오늘 하루 있었던 사건을 정리해 보는 시간을 만들어 보자.

어릴 때는 학교에서 일기를 쓰라고 해서 자의 반 타의 반으로 일기를 썼다. 하지만 성인이 되고 난 뒤에는 일기를 잘 쓰지 않는다. 귀찮고 피곤하니까. 그러나 일주일간 내 감정이 어떻게 변화했는지, 왜 기뻤고 슬펐는지, 어떤 일을 할 때 흥이 났는지 조금이라도 메모해 본다면 분명 나를 아는 데 큰 도움이 된다. 길게 쓰지 않아도 좋다. 짧게라도 조금씩 작성한다면 분명 인생에서 꼭 필요한 순간에 이 짧은 메모가 큰 역할을 할 것이다.

다음 3단계를 활용한다면 더 효율적으로 '감정 메모장'을 작성할 수 있다. 가장 먼저 사회생활을 하며 겪었던 그날의 인상 깊은 내용을 메모장에 적는다. 아르바이트, 인턴 등 어떤 것이든 무관하다. 인상 깊은 내용은 기뻤던 일, 슬펐던 일, 의미 있었던 일 등 남기고 싶은 내용이면 된다. 다음으로 그 상황에서 느낀 감정을 적는다. 마지막으로는 왜 그런 감정을 느꼈는지 나만의 생각을 적는다. 이렇게 적어보면 구체적으로 내가 그 상황에서 왜 그런 감정을 느꼈는지 확인할 수 있다. 예를 들자면 다음과 같다.

1. 영업직 인턴으로 근무해 보니, 잦은 술자리와 낯선 사람들을 만나는 것에 스트레스를 받는다.
2. 일로서 낯선 사람들을 만나는 것을 불편하게 느낀다.
3. 평소의 나는 외향적인 사람이라고 생각했는데, 처음 보는 낯선 사람들과 만나는 게 쉽지 않다. 더 일해 보며 내 적성과 맞는 일인지 알아가야겠다.

짐을 정리하다 우연히 군대에 입대하기 전 썼던 메모장을 발견한 적이 있다. 당시 메모에는 앞으로 어떤 삶을 살아가야 할지 나만의 고민을 가볍게 끼적인 메모들이 있었다.

놀랍게도 약 10년이 지난 후에도 내 직업적 관심사는 메모장에 적혀 있던 내용과 크게 다르지 않았다. 이럴 때 보면 사람의 생각은 단편적으로 생겼다가 사라지는 것이 아니라, 잠재의식 속에 원하는 삶의 방향을 꾸준히 키워 나가는 것 같다는 생각이 든다.

내 마음속에는 내가 앞으로 나아가야 할 방향을 가리키는 나침반 하나가 있는 건 아닐까? 나침반을 가지고 있어도 쓰지 않으면 전혀 소용이 없을 것이다. 이 나침반이 향하는 바를 꾸준히 기록하는 '나만의 항해일지(메모장)'가 있다면, 그리고 꾸준히 그 길로 나아가고 있음을 확신한다면 언젠가 우리는 원하는 목표 지점에 도달할 것이다.

▶ 최근 가장 인상 깊었던 일은 무엇이었나요? 그 일을 겪을 때 어떤 감정이 들었나요?

_____

_____

_____

▶ 왜 그런 감정이 들었을까요?

_____

_____

_____

▶ 이 과정을 통해 알게 된 점은 무엇인가요?

_____

_____

_____

06

자신의
콤플렉스에서
벗어나라

TV 프로그램 〈요즘 육아 금쪽같은 내 새끼〉가 아이를 양육하는 부모뿐만 아니라 전 세대에게 공감대를 형성하며 큰 인기를 끌고 있다. 이 프로그램에서는 부모에게 소리를 지르며 폭력적인 성향을 보이는 아이, 다른 친구들과 잘 어울리지 못하는 아이 등 다양한 아이의 모습이 자주 등장한다.

처음에는 아이에게 문제가 있다고 생각했는데, 조금 지켜보니 아이가 이상행동을 하는 원인이 분명 존재한다는 것을 알게 됐다. 또한 부모와 아이의 상호작용에 의해 아이의 문제가 더 크게 발현되기도 하고, 부모가 어릴 적 겪은 트라우마 때문에 아이와의 관계가 더 악화되는 경우도 많다는 것을 알게 됐다.

어른들도 몸은 성장했지만, 내면에 치유되지 않은 어릴 적 트라우마가 깊숙이 자리 잡아, 자신도 모르는 사이에 불쑥하고 그 모습을 드러내는 것이다.

진로 코칭을 하며 부모와 형제 관계에서 겪은 어릴 적 트라우마에서 벗어나지 못하는 사례를 많이 접한다. 가장 흔하게는 장남, 장녀 콤플렉스가 있다. 어린 나이부터 동생을 돌봐야 한다는 책임이 있었고, 동생에게 양보해야 착한 아이라는 말을 지속해서 듣고 자라 자신의 욕구를 억제하는 데 익숙한 사람들이다. 자신도 어린아이지만 어린아이답게 행동할 수 없었던 환경이 가슴에 응어리로 남아 있다.

어른이 되어서도 마찬가지다. 자신은 사회에서 자유롭게 활동하는 직업을 갖고 싶지만, 부모님의 기대감과 맏이라는 책임감 때문에 원하는 직업에 쉽게 도전하지 못한다. 가족들이 자신의 진로에 크게 신경을 쓰지 않더라도 스스로 만들어 온 벽이 너무 단단하여 그 벽을 허물 용기를 내지 못한다.

이런 사례를 접하면 개인적으로 너무도 안타까운 마음이 든다. 재능도 충분하고, 잠재력이 있음에도 스스로 자신의 한계를 규정해 원하는 진로에 쉽게 도전하지 못하기 때문이다.

이런 상황에서 문제를 해결하는 방법은 무엇이 있을까? 가장 먼저 쉽게 실천할 방법은 스스로 '독립심'을 키워나갈 수 있는 환경을 만들어 보는 것이다.

예를 들어, 그동안 부모님의 입김이 너무 셌다면 혼자 독립해서 살며 온전히 자신만의 삶을 살아가는 것이다. 또한 전화 통화 횟수나 만남을 줄이며 되도록 영향을 덜 받도록 스스로 노력해야 한다. 서로 적대시하며 관계를 끊으라는 이야기가 아니다. 각자의 삶에 충실하고, 내 결정은 스스로 할 수 있는 환경을 만들어 보라는 뜻이다. 이런 과정을 통해 내 마음에서 우러나오는 목소리에 귀 기울일 수 있고, 실제 실천하는 과정을 통해 진정으로 원하는 삶을 사는 첫걸음을 걷게 될 것이다.

다음으로는 '가장 먼저 나 자신이 행복해야 한다는 것'의 중요성을 인지하는 것이다. 나도 방황의 시기에 스스로 항상 주문을 외우며 마인드 컨트롤을 했던 경험이 있다.

남을 위해 배려하며 사는 것도 존중받을 일이지만, 나 자신을 갉아 먹으면서까지 다른 이를 위해 산다는 건 결국 서로에게, 특히 가장 가까운 가족과의 관계에는 도움이 되지 않는다. 내가 행복해야 결국 우리 가족 모두 행복할 수 있다.

유교의 기본 경전 사서삼경(四書三經) 중 하나인 『대학(大學)』에서 "수신제가치국평천하(修身齊家治國平天下)"라는 말이 나온다.

몸이 닦여진 후에 집안이 가지런해지고 그 뒤에 나라가 다스려지며 천하가 화평해진다는 뜻이다. 한마디로 내가 먼저 바로 서야 가정과 세상도 화목해질 수 있다는 이야기다. 적어도 가장 기본적으로 '나'부터 바로 서야 한다는 이야기는 한번 귀담아들을 만하다는 생각이다.

많은 사람이 어릴 적 트라우마에 아파하고, 새로운 일을 시도하는 데 악영향을 받는다. 물론 쉽지 않겠지만, 내 마음부터 돌보고 사랑한다면 문제를 해결할 작은 실마리를 발견할 수 있지 않을까? 당신은 사랑받을 자격이 있다. 또한 좋아하고 잘하는 일을 찾을 능력도 분명히 있다.

▶ 내가 겪은 콤플렉스가 있나요? 이런 콤플렉스가 내 삶에 어떤 영향을 주었나요?

_____

_____

_____

_____

▶ 안 좋은 영향을 주었다면 이를 줄이기 위해 어떤 일을 시도해 보실 수 있나요?

_____

_____

_____

_____

_____

07

스스로를
믿고
지지하라

'초두효과(初頭效果)'는 첫 만남에서 느낀 인상, 외모, 분위기 등이 그 사람에 대한 고정 관념을 형성한다는 심리학 용어이다. 이 개념은 면접에서도 적용이 되는데, 회사에서는 채용 면접을 진행할 때 미리 준비해 놓은 면접 평가표를 활용한다. 평가표에는 면접자의 '직무 적합성, 올바른 가치관, 사회인으로서의 기본 소양' 등 여러 가지 평가 요소가 있지만, 그중에서도 중요한 것 중 하나는 바로 지원자의 '자신감 있는 태도'이다. 표정과 말투에 자신감이 있어 보이면, 실제 그 사람이 자신감이 있는 사람인지와는 별개로, 면접관은 지원자가 자신감 있는 사람이라 믿는다.

반면에 초두효과가 안 좋게 작용한 사례도 있다. 진로 코칭을 할 때, 자기 가족들이 자신이 하고자 하는 일에 부정적인 시각을 보여 자신감이 떨어진다고 얘기한 의뢰인 A가 있었다. 새로운 직업을 찾고 싶지만, 부모님이 A가 생각한 직업에 부정적인 시각을 갖고 있고, 'A가 과연 해낼 수 있을까?'라고 의심을 한다는 것이었다. A는 이런 이유로 항상 마음이 불안하다고 이야기했다. 이때 내가 질문을 건넸다. "혹시 이전에도 부모님과의 진로 문제로 갈등이 있었나요?" 예상이 맞았다. A는 이전에도 부모님과 자신의 진로에 관해 의견이 달랐지만, 부모님의 의견을 거스를 수 없어 선택의 순간에 우유부단한 모습을 보였다. 결국 부모님의 의견대로 안정적인 직장에 들어가는 길을 선택했으나, 적응하지 못해 다시 자신이 원하는 플로리스트가 되기 위해 노력 중이었다. 하지만 계속된 갈등에 새로운 직업을 찾고 실행하려는 순간에도 부모님께 자신감 있게 자신의 의견을 이야기하지 못한다는 것이었다.

기업 강사로 유명한 김미경 씨가 이런 이야기를 했다. 자신의 앞날을 걱정하는 부모에게 "엄마, 엄마는 하루에 내 생각을 얼마나 해?", "적어도 한두 시간 정도지? 나는 온종일 내 생각만 해. 그럼 누가 나를 더 잘 알까?" 이렇게 자신이 하고자 하는 일을 묵묵히 지켜봐 달라고 이야기한 것이다. 부모님의 행동은 분명 자녀를 사랑하는 마음에서 나온 것이다. 때론 이런 나를 왜 부모님이 몰라주는지 원망스러운 마음으로 대하기도 한다. 이럴 때 한 번쯤 내 생각과 의지를 부모님께 속 시원하게 이야기해 보면 어떨까?

부모와 진로 갈등을 겪는 청년들은 "부모가 자신을 잘 모른다."라고 이야기한다. 사실 잘 모른다기보다는 '부모는 자식을 보호하려는 태도 때문에 자식의 진짜 모습을 파악하지 못한다'는 것이 더 맞는 표현이다. 부모는 내 자식이 힘들지 않은 삶을 살기를 원한다. 그러나 힘들지 않은 삶이란 과연 존재할까? 회사생활을 하면서 힘들지 않게 살 수 있을까? 인간은 살아 있는 한 힘든 일을 피할 수는 없다. 매일매일 살아가는 것이 노력을 동반하기 때문이다. 그렇기에 우리는 자신만의 진로를 설정해야 하며, 갈등이 있는 부모에게는 자신감 있는 모습을 보여 줄 필요도 있다.

한 사람의 '믿음의 힘'은 놀랍도록 크다. 내가 해낼 수 있다고 믿으면 그 믿음을 실현하기 위해 더 큰 노력을 하게 되고, 결국 이루게 된다. 자신의 목표를 다른 이에게 이야기했을 때, 처음에는 반신반의(半信半疑)하던 사람들도 점차 당신의 믿음에 공감하게 되고 '정말 해낼 수 있겠는데?'라는 마음을 갖게 될 것이다. 내가 나를 믿어 주지 않는다면 누가 나를 믿어 주겠는가? 일단 먼저 나를 믿어 보자. 그리고 진심으로 노력해서 결과로 보여 주자. 나를 믿고 자신감 있게 나아간다면 언젠가 원하는 목표를 이뤄 낼 수 있을 것이다.

08

방황을
무조건
부정하지 마라

사춘기(思春期)란 청소년기에 접어들며 신체적인 변화를 겪는 동시에 자신의 정체성을 진지하게 고민하는 시기를 말한다. '질풍노도(疾風怒濤)의 시기'라고도 불리며 사춘기에 접어든 중학생을 '중2병'에 걸렸다고 지칭하기도 한다. 이 시기에 학생들은 부모와 갈등을 겪기도 하고, 삶의 의미가 무엇인지 고심하는 등 다양한 유형으로 자신만의 사춘기를 거친다.

때론 사춘기가 왔었는지도 모르게 물 흐르듯 지나가는 사람들도 있다.

이런 유형은 청소년기에 이미 정신적으로 성숙하여 사춘기를 무의미하게 느낀다거나 혹은 심성이 착해 반항다운 반항 한 번 못 해본 유형일 가능성이 높다. 부모님들은 이런 유형의 자식을 보고 대견하다고 생각하는 경우가 있지만, 사실 진로 설정에는 그리 좋지 않은 유형 중의 하나라고 이야기하고 싶다.

사춘기의 한자 뜻은 예상외로 굉장히 감성적이다. '생각 사(思), 봄 춘(春), 기약할 기(期)'. 즉 '봄을 생각하는 시기'라는 뜻이다. 사실 사춘기란 내 삶의 방향을 세울 수 있는 매우 중요한 시간이다. 하지만 이 중요한 시기를 제대로 겪지 않은 사람은 훗날 어느 순간에 뒤늦은 사춘기를 맞이하게 된다. 실제로 대학에 가서 뒤늦게 자신의 미래를 고민하기도 하고, 직장에 입사한 뒤에 자기 삶을 진지하게 되돌아보기도 한다. 또한 직장에 갓 입사한 신입직원이 자신의 인생을 재설정하기 위해 퇴사하기도 한다. 이런 상황을 우리는 '직장인 사춘기'라 부르기도 한다.

한 취업 플랫폼에서 중소기업 328개를 대상으로 조사한 결과 '입사한 지 1년 안에 퇴사한 신입직원이 있나?'라는 질문에 64.9%가 '있다'고 응답했다고 한다. 또한 조기 퇴사자의 21.1%가 실제 업무가 생각했던 것과 다르고 업무량이 많아서 퇴사했다고 응답했고, '직무가 적성에 맞지 않아서'를 선택한 직원도 11.3%나 집계됐다. 한마디로 내가 생각했던 일이 아니었기에, 입사 후에 이를 깨닫고 방황하게 된다는 뜻이다.

인생에서 방황의 시기를 잘 거치는 것도 매우 중요하다는 생각이 든다. 방황의 시간을 통해 자신만의 미래를 기약하는 시간은 누구에게나 필요하다. 뒤늦게 이런 시기가 찾아왔다면, '나는 도대체 왜 이런 걸까?' 하며 자책하는 대신, 이제야 자신만의 미래 계획을 세워야 할 소중한 시간이 찾아왔다고 여겨보면 어떨까? 이 시간을 거쳐 분명 더 나은 내일을 위한 디딤돌이 마련될 거라 믿어 의심치 않는다.

09

타인과
자신을
비교하지 마라

　예비군 훈련장에서 우연히 고등학교 동창을 만난 적이 있다. 고등학교를 졸업한 뒤 10년 만이었지만 마주치는 순간 서로를 알아볼 수 있었다. 이 친구는 고등학교 때 성적으로 전교에서 항상 상위권을 유지했다. 상위권 학생들만이 들어갈 수 있는 '특별반' 소속이었고, 졸업 후에는 최상위권 대학은 아니지만 유명한 사립대학교에 입학했다. 당시 나는 반에서는 상위권에 속했지만, 특별반에는 들어갈 실력이 안 되었기에 가끔 이 친구에게 무시당하기도 했다.

자연스레 그동안 살아왔던 이야기를 나누었다. 친구는 대학을 졸업한 뒤 줄곧 외무고시를 준비했다고 이야기했다. 수년간 외무고시에 응시했지만, 번번이 떨어져 자신감이 저하된 상태였다. 어쩐지 얼굴이 그리 밝아 보이진 않았다. 당시 나는 공공기관에서 근무하고 있었다. 하지만 '내가 이겼다.'라는 상대적 우월감은 들지 않았다. 누군가에게 보이거나 이기기 위해 직장을 선택한 것도 아니었기 때문이었다. 다만 '인생이란 건 알 수 없는 일이구나.'라고 느꼈을 뿐이다.

지금은 그 친구가 외무고시에 합격해 외교관이 되었을지도 모른다. 그렇다면 진심으로 축하해주고 싶다. 그러나 부럽지는 않다. 잘난 친구 때문에 내가 작아지지도 않는다. 나도 나만의 길을 걸어가기에, 경쟁의식도 느끼지 않는다.

누구나 부러워하는 대기업에 들어가 승승장구하던 친구가 계속되는 업무 스트레스로 몸이 상해 퇴사하는 경우도 있고, 고등학교 때 공부는 잘하지 못했지만 성실히 모은 돈으로 편의점을 인수하더니, 지금은 무려 세 개의 편의점을 운영하는 사장이 되어 묵묵히 밥벌이하는 지인도 있다.

현재 상황에 크게 '일희일비(一喜一悲)'할 필요는 없다. 물론 취업이나 결혼 등 인생의 큰 변화의 시기를 빠르게 헤쳐 나가는 사람들이 있다. 멀리서 보기엔 나는 어렵게 지나가는 일을 참 쉽게 잘해 나가는 것 같아 부러운 감정이 들기도 한다. 그러나 우리는 모두 우리만의 시간을 살아갈 뿐이다. 누군가의 인생이 더 낫다는 건 아무도 판단할 수 없다. 스스로 만족하는 삶을 살고 있다면, 그리고 지금 행복하다면 그걸로 충분하다. 당신의 인생은 늦지 않았다.

10

도전을 위해
기꺼이
노력하라

청년들이 인생에서 포기하는 것들이 늘어났다. 먼저 연애, 결혼, 출산을 포기하는 '삼포 세대'라는 말이 생겨났고, 뒤이어 집과 경력을 포함한 '오포 세대', 희망과 인간관계까지 포기한다는 '칠포 세대', 신체적 건강과 외모까지 포기하는 '구포 세대'라는 말까지 생겼다.

'도대체 왜 청년들이 삶에서 중요하다고 생각하는 것들을 포기하는 사회가 되어 버렸을까? 정신적으로 모든 일을 해 나갈 여유가 없어졌기 때문일까?' 분명 시간은 있다. 늦은 저녁이나 주말에 잠깐 시간을 내어 친구들을 만날 수는 있다.

하지만 그보다 더 중요하다고 생각하는 먹고사는 문제 즉, 취업이라는 우선순위가 있기에, 정신적으로 다른 곳에 신경을 쓸 만한 여력이 되지 않는 것이다. 이런 이유로 항상 시간에 쫓겨서 살아간다.

대학을 졸업할 때가 되면 취업을 위한 준비를 해야 한다. 취업 경쟁률은 더욱 높아져 수백 대 일의 경쟁률을 보인다. 이런 이유로 학점 관리는 물론 토익, 대외 활동, 공모전 등 수많은 노력의 시간을 거쳐야 한다. 입사 후에도 마찬가지다. 사회 초년생으로 맡은 일에 간신히 적응하면 결혼, 출산, 내 집 마련 등 수많은 인생 과제가 내 앞에 쌓여 있다.

또 요즘엔 정년까지 일할 수 없을 거란 불안감에 꾸준한 자기 개발은 필수가 됐다. 퇴직 전까지는 그다음 인생을 위해 준비해 놔야 한다. 이렇게 산재한 수많은 인생의 과제 때문에 청년들은 여유로운 하루를 보내지 못한다. 이런 와중에도 나의 새로운 진로를 찾는다는 것은 정말 어려운 일이다.

이 글을 읽는 여러분은 왜 새로운 진로를 찾으려고 하는가? 새로운 일을 시도한다는 것은 내가 여유롭게 보내던 시간까지 쪼개어 더 바쁘게 생활한다는 것을 뜻한다. 자연스레 친구는 물론 때론 가족도 제대로 챙기지 못할 수도 있다. 또 다른 누군가가 내 도전으로 인해 희생해야 할 수도 있다. 나도 커리어 코치라는 내 목표를 이루기 위해 평일에는 직장에서 근무하고, 주말에는 대학원에서 공부하며 2년간을 보냈다. 또한 교육 분야는 끊임없이 공부해야 하는 직종이라 지금도 꾸준히 관련 서적을 읽고, 자기 개발을 하며 생활한다.

가끔 '왜 이렇게 힘들게 살아야 할까?'라는 생각을 한 적도 있다. 다른 사람처럼 회사에서 충실히 일하고 저녁에는 퇴근하여 여유롭게 나만의 시간을 보낼 수도 있는데 말이다. 곰곰이 생각해 보니 그래도 꼭 해 보고 싶은 일이 있었기에 도전한 것 같다. 물질적으로 충족되지 않는 나만의 꿈을 실현해 보고 싶은 마음에 어려운 길임을 알면서도 해 나간 것이다.

지금도 더 많은 것을 배우려 대학원에 다니고, 학원에서 새로운 분야를 공부하는 등 꾸준히 도전하는 사람들이 많다. 이런 힘든 사회에서도 어떻게든 자신의 길을 찾으려고 노력하는 사람들에게 진심으로 존경을

표한다. 새로운 도전을 시도하는 것만으로도 당신은 충분히 당신이 원하는 성공을 이룰 발판을 마련했다고 이야기해 주고 싶다.

MZ세대의 빛나는 인생을 위한 커리어 코칭

▶ 주변 상황에 영향을 받지 않는다면, 가장 해보고 싶은 도전은 무엇인가요?

_____

_____

_____

_____

▶ 그런 도전을 하고 싶다고 생각한 계기는 무엇인가요?

_____

_____

_____

_____

11

원하는 게
있다면
마음을 다하라

새해가 되면 많은 사람이 '올해의 계획'을 세운다. 다이어트, 전문 자격증 취득, 연애 등 나이를 불문하고 새로운 시도를 한다. 하지만 '작심삼일(作心三日)'이란 말처럼, 연초에 세웠던 계획을 성공적으로 수행하기란 매우 어렵다. 새로운 일을 시도하는 것은 왜 이렇게 어려운 걸까? 물론 사람마다 다양한 이유가 있을 테지만, 개인적으로는 새로운 무언가를 시도하는 것을 반대로 말하면 그동안 해왔던 다른 일들을 포기한다는 의미가 되기 때문이라고 생각한다.

예를 들어 '올해에는 세무사 자격증을 취득하겠다!'라는 계획을 세웠다고 가정해 보자. 그럼 계획을 세운 당사자가 대학생이라면 학기 중에는 전공 공부 외에 추가로 시간을 투자해야 할 것이다. 또한 방학 때 다른 친구들은 해외여행을 떠나는 등 새로운 경험을 할 때, 자신의 시간을 온전히 독서실에서 보내야 한다는 것을 의미한다. 만약 직장인이라면 더욱 험난한 과정을 거쳐야 한다. 퇴근 후에 녹초가 된 몸을 이끌고 책상 위에 앉아야 한다. 어느 시험이든 절대적인 공부량이 있으므로, 잠을 줄이든 주말을 이용해 공부하든 목표량을 채워야 한다. 자연스럽게 취미 생활이나 인간관계는 멀어지고, 피로는 쌓인다.

나도 글을 쓰기 위해 가족과의 시간, 친구들과의 관계, 여유로운 주말 등 많은 것들을 포기해야 했다. 퇴근 후에는 글쓰기에만 집중할 수도 없었다. 머릿속에서는 다 처리하지 못한 직장 일, 집안일 등 여러 가지 문제들로 어지럽기만 했다. 그냥 아무것도 하지 않고 '휴식'을 취하고 싶은 마음만이 가득했다. 올해의 가장 큰 목표로 책을 써보겠다고 다짐했지만 새로운 습관을 익히는 건 이토록 어렵기만 했다.

그러다 문득, 이런 생각이 들었다. '어떤 새로운 일을 시작하려면 반드시 거쳐야 하는 '저항 단계'가 있는 건 아닐까?' 원래 지켜오던 생활의 리듬을 깬다는 건 쉽지 않은 과정이다. 몸은 누가 시킨 것도 아닌데, 철저하게 기존의 습관을 유지하려고 한다. 피곤하지만 자기 전에 그동안 못본 넷플릭스를 챙겨보고, 금요일 저녁에는 친구들을 만나 회사에서 받은 스트레스를 푸는 것 등 우린 너무도 자연스러운 생활 속 습관을 유지하고 있다.

이런 이유로 그동안 해오지 않던 일을 시도하면 자연스레 몸에서부터 새로움을 거부하는 것이다. 기존에 해오던 일에서 벗어나 새로운 일을 한다는 건 '불편함'이 동반되는 일이다. 하지만 이 단계를 넘어서지 못한다면 내가 원하는 목표는 이룰 수 없다. 어쩌면 나를 시험하는 것처럼 느끼기도 한다. '나는 정말 이걸 원하는가?', '간절히 원하는 목표인 게 확실한가?'

결국, 내가 진정으로 원하는 무언가가 있을 때 전혀 다른 결과를 내는 건 아닐까? 중요한 건 '간절함'일지도 모른다는 생각이 들었다. 몸의 습관을 이겨 낼 정도로 변화에 대한 '의지'가 충분하다면 분명 바뀐다. 그러고 보니 삶에서는 대부분 이런 패턴이 반복된다. 하고 싶지 않은 공부를 계속해야 하는 것, 꾸준히 운동하는 것, 미뤄둔 업무를 처리하는 것….

수많은 일이 '저항 단계'를 거친다. 그러곤 내게 '간절함'을 시험한다. 진

심으로 간절히 원하는 일이 아니면 수많은 고비에서 마음이 흔들린다.

중요한 건 '진심'이다. '다른 것들을 포기하면서까지 이루고 싶은 것이

있는가?'에 대한 나만의 주관이 확실하다면, 그 목표를 위해 노력할 준비

가 되었다면, 분명 원하는 바를 이룰 수 있다.

12

어떤 결과가
나오든
내 인생이다

세상을 조금 살다 보니 실패한 적이 한 번도 없는 사람은 존재하지 않는다는 걸 알게 됐다. 완벽해 보이는 그 누군가도 마음 한구석에 쓰라린 실패의 경험이 있다. '다른 사람도 다 그래~ 뭐 그런 걸 가지고 그래~'라며 타인의 아픔을 일반화하려는 게 아니다. 단지 실패도 내 소중한 인생이기에 겸허히 받아들일 필요도 있다는 이야기다.

미친 듯이 노력했지만, 원하는 결과를 이루지 못하는 사람이 있다. 수

년간 공무원 시험에 도전했지만, 계속된 낙방으로 상심한 사람, 청소년기를 다 바쳐서 가수 연습생으로 살았지만 결국 데뷔하지 못한 사람, 2년간 계약직으로 야근까지 마다하지 않고 일했지만, 정규직으로 전환되지 못한 청년 등 수많은 사람이 도전하고 또 실패한다.

그럼 이 사람들의 인생은 여기서 끝난 걸까? 커리어 코칭을 할 때면 취업에 성공하는 것을 내 꿈의 완성이라고 여기는 청년들도 있다. 취업만 된다면 취업 준비생 때 했던 모든 고민이 해결되고, 밝은 미래가 나를 기다리고 있을 거라고 생각한다. 물론 취업한 것은 당연히 축하받을 일이지만, 취업은 '끝이 아닌 시작'임을 알아야 한다고 이야기해 주고 싶다.

취업이란 그리고 직업인으로 사회생활을 시작하는 것은 '내 인생에 또 다른 새로운 문'을 다시 한 번 여는 것이라 생각한다. 많은 직장인이 이직하기 위해 온라인 취업 사이트에서 채용공고를 들여다본다는 것을 알고 있는가? 앞서 정규직에 전환되지 못해 패배감을 느끼는 청년처럼, 현재 재직 중인 회사를 떠나 다른 회사로 옮기는 직장인들도 실패한 것일까? 커리어는 내가 목표로 한 '꿈'을 이루어가는 여정이다. 현재 내가 처한 상황에 마음이 상하고 세상이 다 끝날 것 같은 기분이 들기도 하지만, 인생에서 또 다른 기회는 언제나 나를 기다리고 있다. 이때 자기만의 목표와 가치관이 확고하다면 단기적인 실패에 집중하는 것이 아니라, 조금 더 큰 관점에서 내 꿈의 여정을 바라볼 수 있다.

그리고 단 한 가지 확실하게 이야기해 줄 수 있는 말이 있다. 정말 자신에게 부끄럽지 않게 납득할 만한 노력을 한 사람은, 그동안 해온 노력의 힘으로 반드시 그 꿈을 이뤄낼 수 있다.

그러니 지금 내 목표를 이루지 못했다고 좌절하지 말자. 마지막으로 한 번 더 꿈을 위해 도전하고 싶다면 그리해도 되고, 이제는 다른 꿈에 도전하겠다면 그 선택도 좋다. 인정하고 다시 일어서서 도전하자. 당신은 여태껏 잘해 왔고, 잘하고 있고, 잘해 낼 거다. 그리고 언젠가 원하는 그 꿈을 이룰 것이다.

CAREER STRATEGY

4장

진로와

직업을 찾을 때

반드시

알아야 할 것들

작은
것부터
시도하라

살면서 한 번쯤 들어 본 이야기. 연애할 때 '다양한 사람을 만나봐야 사람 보는 눈이 생긴다'는 말이다. 왜 그런 걸까? 연애라는 건 '머릿속으로 끊임없이 생각한다고 해도 이해할 수 없는 부분이 많아서'이다. 상대방이 나와 잘 맞는지 예측할 수 있을까? 대략 가늠해 볼 순 있겠지만, 연애의 모든 상황을 예측한다는 건 애초에 불가능하다. 살아온 환경, 성격, 취향이 다른 두 사람이 만나 세상 어디에도 없던 새로운 관계를 만든다. 만남의 과정에서 좋은 일이든 나쁜 일이든 무수히 많은 사건이 생겨나고,

각각의 사건은 두 사람의 화학작용에 의해 다른 결과를 낳는다. 단 하나의 케이스로 단정하기가 어렵다. 모든 상황을 시험공부처럼 열심히 공부하고 정답만 척척 맞춰 나갈 수도 없다.

일단 연애를 시작하는 것, 서로를 알아가는 시간이 필요함을 인정하고 여유로운 태도를 갖는 것, 가치관, 흥미 등 서로 중요시하는 삶의 조각들을 천천히 함께 맞춰 나가는 것. 이런 과정을 거쳐 오랜 시간 함께 경험하고 감정을 공유한 뒤에야 나와 정말 잘 맞는지 판단할 수 있다. '사람 보는 눈'을 기른다는 뜻은, 나는 그대로이고 나와 맞는 상대방을 끊임없이 찾는 과정이 아니라. 상대방을 통해 그동안 몰랐던 내 모습을 발견하는 과정이다.

직업을 구하는 일도 마찬가지다. 내가 처음 취업 컨설팅을 시작하게 된 계기는 부수입을 얻고, 과연 취업 컨설팅을 잘할 수 있는지 확인하기 위해서였다. 이를 위해 가장 먼저 온라인 플랫폼에 자기소개서 첨삭 서비스를 등록했다.

처음엔 500자 한 문항을 첨삭해 주는 것부터 시작해서, 한 건, 두 건 계속해서 작은 일들이 쌓여 나갔다. 이후 3,000자 이상의 자기소개서를 첨삭하며 점점 작업의 양을 늘렸다. 물론 한 건의 짧은 첨삭이어도 문장마다 코멘트를 달며 최선을 다해 작업했다. 이후 점점 좋은 후기들이 쌓이며, 더 많은 의뢰가 들어왔고 자기소개서 첨삭을 잘할 수 있겠다는 확신이 들었다.

어느 날, 플랫폼에 올린 내 서비스를 보고 한 취업 컨설팅 회사로부터 함께 일해 보지 않겠냐는 제안을 받았다. 이를 계기로 온라인에서 전국의 취업 준비생들을 만나, 취업 컨설팅을 진행했다. 처음에는 가볍게 부업으로 생각하며 시작했으나, 점점 컨설팅 업무의 비중이 증가했고, 실력도 늘었다.

이후 취업 컨설팅에서 기른 나만의 노하우를 바탕으로 대학생들을 대상으로 취업 강의를 시작했고, 개인 사무실을 차려 취업 준비생들을 위한 취업, 진로 코칭 사업을 진행할 수 있었다. 이런 경험으로, 일단 도전해 보는 것의 중요성을 알게 됐다. 처음에는 아주 작게 시작했지만 그 결과 많은 기회를 얻었고, 결국 내가 목표로 했던 1인 기업가로 자리 잡았다.

취업을 준비하는 대학생들이 "저는 어떤 일을 해야 할지 모르겠어요." 라고 고민을 털어 놓는다. 이런 경우에 나는 일단 관심 있는 분야의 리스트를 만들고, 그동안 해 보고 싶었던 일을 적극적으로 시도하라고 이야기한다. 너무 큰 부담을 갖지 말고, 앞서 언급한 나의 사례처럼 조금씩 천천히 시작해도 좋다.

또한 간접적으로 자신이 원하는 일을 경험해 보는 것도 추천한다. 예를 들어 유통업계에 취직하고자 하는 사람은 백화점에서 단기간의 아르바이트를 하며 나와 맞는 직무를 경험할 수 있다. 물건을 팔고 고객을 응대하는 법을 배우며 서비스 업무에 흥미가 있는지를 파악하는 것이다. 또한 고객들의 성향은 어떤지, 백화점 MD(Merchandiser의 약자)는 매출 증대를 위해 어떤 전략을 세우는지 현장에서 직접 경험할 수 있다.

또한, 공기업에서 일하려는 목표를 세운 사람은 학교 게시판이나 온라인 취업 사이트에 올라온 공기업 사무 지원 인턴이나 아르바이트에 지원해, 방학 동안 일하며 직접 자신의 목표를 구체화해 나가면 된다. 복사, 자료 정리 등 그리 비중이 큰 업무는 맡지 못할 수도 있겠지만 직업 선택에 필요한 여러 요소를 확인할 수 있다.

가장 먼저, 주로 사무실에서 일하는 '내근직'이 내 성향과 잘 맞는지 확인할 수 있다. 또한 관련 자격증을 취득하는 등 사무 업무를 잘하기 위해 더 준비해야 할 것들을 알 수 있으며 공기업에서 근무하는 직원들의 특성과 직장 분위기를 파악할 수 있다. 그리고 정말 중요한 건 이런 경험을 통해 앞으로 공기업에 지원할 때, 자기소개서 문항에 빠지지 않고 등장하는 '우리 회사에 지원하게 된 동기는 무엇인가요?'라는 항목에 당황하지 않고 나만의 스토리를 녹여 낼 수 있다.

단순히 '우리 사회에 도움이 되는 일을 하는 공기업이라서 지원했습니다.'라고 이야기하는 지원자와 '사무 지원 아르바이트를 할 때, 직원들이 일하는 모습을 보며 함께 일하고 싶은 마음이 들었고, 실제 업무를 하며 행정 업무를 잘 수행할 수 있을 거란 확신을 얻었습니다.'라고 이야기하는 지원자 중에 심사위원은 어떤 지원자를 선발할까? 당연히 자신만의 뚜렷한 직무 가치관이 있고, 열정적으로 입사 의지를 보이는 두 번째 지원자를 적합한 인재라고 느낄 확률이 높다.

이처럼 자신이 꿈꾸는 일이 있다면, 작은 것부터라도 먼저 도전해 보기를 권한다. 늦지 않았다. 단기 아르바이트 경험도 충분하다. 이런 경험

을 통해 머릿속으로만 생각하는 것들을 실현해 보고, 내가 정말 잘할 수

있고 평생 함께할 수 있는 나만의 직업을 만날 수 있게 될 것이다.

M Z 세 대 의 빛 나 는 인 생 을 위 한 커 리 어 코 칭

▶ 나는 어떤 분야에 관심이 있나요?

_____

_____

_____

_____

▶ 그 분야를 경험해 보기 위해 지금 당장 시도할 수 있는 일은 무엇인가요?

_____

_____

_____

_____

02

좋은 평판과
인맥을
쌓아라

앞선 이야기처럼 관심 있는 분야에서 일해 보는 경험은 또 다른 장점이 있다. 바로 나만의 인맥을 만들 수 있다는 점이다.

스포츠 기자를 꿈꾸던 한 지인이 있었다. 공중파 방송국의 전문 스포츠기자가 되고 싶었지만, 방송국에서 매년 선발하는 공채 인원은 매우 적었다. 그러나 포기하지 않고, 먼저 온라인 신문사의 스포츠 기자로 사회생활을 시작했다. 연봉도 생각보다 많지 않고, 주말에도 쉬지 못하는 등 어려움은 따랐지만, 자신의 목표를 향해 묵묵히 나아갔다. 그리고 몇 년 뒤, 드디어 자기 경력을 살려 공중파 방송사의 스포츠 기자가 됐다. 스포츠 분야에서 일하며 관련 업계 사람들에게 자신의 이름을 알렸고, 좋은 평판을 얻어 결국 기회를 잡은 것이다.

다른 산업 분야에서도 마찬가지다. 생각보다 같은 산업군에서 일하는 사람들은 서로를 잘 안다. 따라서 일단 내가 관심 있는 분야에 발을 내딛는 것이 원하는 직장에 취업할 수 있는 계기가 되기도 한다. 실제로 채용 과정에서 회사의 임원이 지원자의 이전 직장에 연락해서 지원자의 평판을 묻는 경우도 많다. 이처럼 내가 관심 있는 분야에서 일하면 내 경력을 쌓을 수 있을 뿐만 아니라, 그 분야의 인맥을 통해 새로운 기회를 얻을 수 있다.

그러나 여기에는 가장 중요한 전제 조건이 있다. 그건 바로 내가 진심으로 관심 있는 분야에서 도전해야 한다는 것이다. 자신이 진정으로 원하는 분야에서 일할 때, 나의 열정이 드러나기 때문이다. 함께 일하는 사람들은 그 열정을 쉽게 알아차릴 수 있다. 같은 인턴 직급의 사원에게 일을 시켜도 누군가는 같은 일을 더 효율적으로 잘해 내기 위해 노력한다.

이런 노력과 열정이 주위 사람들에게 전달되고, 훗날 더 나은 직장에서 원하는 일을 할 수 있는 발판이 된다. 이렇게 좋은 평판을 쌓아 나간다면 언젠가 진정으로 원하던 목표에 도달해 있는 자신을 발견하게 될 것이다.

03

직업
찾기는
마라톤이다

"중소기업에 입사해도 괜찮을까요?" 취업 코칭을 할 때, 한 학생이 내게 고민을 이야기했다. 사실 여기서 '괜찮다'는 말에는 여러 함축적인 의미가 담겨 있다.

'대기업에 비해 연봉이나 복지가 떨어지는 데 괜찮겠느냐'는 의미일 수도 있고, '조금 더 다른 곳에 도전해 봐야 하지 않을까?'라는 의미일 수도 있다. 실제 이 학생의 경우 2가지 모두가 고민이었다.

대학 졸업을 앞둔 많은 학생이 취업이 어려우니 일단 어디든 들어가야 한다고 생각하면서도 한편으론 이렇게 구직 활동을 마치면 앞으로 더 이상의 기회가 없을까 봐 걱정스러운 마음이 들기도 한다. 물론 원하는 기업에 한 번에 입사한다면 정말 기쁘겠지만, 한정된 인원을 채용하는 현재의 취업 시장에서 이는 절대 쉽지 않은 일이 되어 버렸다. 이런 선택의 순간에 먼저 생각해 볼 게 있다.

그건 바로 내가 어느 '직무'에서 경력을 쌓아 나갈지 명확하게 인지하고 있어야 한다는 것이다. 예를 들어 인적 자원 개발(HRD: Human Resource Development) 분야에서 일하겠다는 목표를 세웠다면, 처음에는 작은 교육회사에서 사회생활을 시작해도 괜찮다. 교육회사에서 교육 프로그램 기획, 제안서 작성 등 다양한 실무를 익히고, 경력이 쌓였을 때 대기업 교육 담당자로 이직하는 방법이 있다.

최근 취업 시장의 트렌드는 1년 중 상, 하반기로 나눠 정해진 기간에 대규모로 인력을 충원하는 '정기 공개 채용' 방식에서 벗어나, 필요할 때 각 직무에 적합한 인력을 뽑는 '수시 채용' 방식으로 변하고 있다. 취업 플랫폼 업체 조사 결과에 따르면, 2021년 하반기에 채용 계획이 있다고 밝힌 488개 기업의 채용 유형을 살핀 결과, 정기 채용은 2019년 49.6% 에서 2021년 35.6%로 감소했다. 반면 수시 채용은 2019년 30.7%에서 2021년 48.9%로 상승했다고 한다. 이런 채용 흐름에서 가장 중요한 게 바로 '직무 적합성'이다. 수시 채용이 진행되면, 회사에서는 각 직무에 필요한 인력을 위주로 채용하기에 아무런 사회 경력이 없는 신입보다는 조금이라도 해당 직무 경력이 있는 지원자를 선호한다.

또한 비용 절감의 측면도 있다. 신입직원을 채용하고 교육하는 비용이 상당하고, 실제 업무에 투입되는 시간도 길어 바로 업무에 투입되어 성과를 낼 수 있는 경력직을 찾는 것이다. 이런 이유로, 내가 원하는 분야에서 일을 시작할 수 있다면, 작은 기업이라도 일단 경력을 쌓는 것을 추천한다.

누군가는 대학을 졸업하고 어떤 회사에 취업하느냐에 따라 인생 대부분이 결정된다고 이야기하는데, 이 말은 현재 취업 시장에는 절대적이지 않다. 대기업, 공기업에 입사했더라도 여러 이유로 퇴사 혹은 이직하는 사례가 적지 않다. 또한 작은 기업에 입사해서 경력을 쌓아 나가 중견기업을 거쳐 대기업으로 이직하여 자신의 분야에서 전문가로 인정받는 사례도 있다. 그러니 한순간에 한 번의 선택으로 모든 것을 이루려고 하지 않아도 괜찮다.

대학에 입학할 때를 떠올려 보자. 누군가는 한 번에 명문대라 불리는 학교에 들어간 친구도 있을 것이고, 또 다른 누군가는 재도전하거나 편입을 통해 자신이 원하는 학교로 옮기기도 한다. 이처럼 시작점은 다르지만, 어떤 목표를 세우고 노력하느냐에 따라 내 인생을 주도적으로 설계할 수 있다. 취업도 마찬가지다. 현재 상황을 비관하지 않고, 자신을 믿고 정진하다 보면 언젠가 원하는 목표에 도달할 수 있다. 그래서 직업을 찾는 건 단거리 경주가 아니라 마라톤이다.

04

조급해 말고
천천히
실행하라

'타인과 비교하는 습관이 나에게 좋은 영향을 주지 않는 이유'를 3가지 들 수 있다.

첫째, 내 자존감이 하락하기 때문이다. 나보다 소위 잘나가는 사람을 보며 부러움을 느끼는 감정은 누구나 경험해 봤을 것이다. SNS(social network service)에서 지인들이 더 좋은 기업으로 이직하거나, 해외여행을 간 사진 등을 보고 부러움을 넘어 상대적 박탈감을 느낀다. 이런 악영향이 계속되다 보면 자신의 처지를 비관하게 된다.

둘째, 현재 자신이 하는 일에 조급한 마음이 생기기 때문이다. 진로 코칭을 신청한 의뢰인들은 종종 공통된 질문을 하는 경우가 있다. '지금 직장에는 다니고 있지만, 하는 일이 적성에 맞지 않아 다른 직업을 찾고 싶은데, 직장을 그만두고 도전해야 할지 고민'이라는 것이다. 이런 상황에서 나는 개인적으로 일단 다른 일을 할 준비가 얼마나 되었는지를 물어보고, 의뢰인이 만족할 만큼의 준비가 되지 않았다면, 현재 다니는 직장을 유지하면서 천천히 새로운 일을 모색하라고 조심스럽게 이야기한다. 아무런 계획과 준비 없이 무작정 다른 일에 도전한다면, 분명 준비 과정 중에 어려운 일들을 만났을 때, 다른 사람들과 자신을 비교하게 되고 결국 계획했던 일을 빨리 이뤄야 한다는 부담감이 생기기 때문이다. 이는 결국 스트레스의 원인이 되거나, 새로 시작하는 일에도 좋지 않은 영향을 줄 수 있다.

어떤 일이든 목표로 하는 지점까지 다다르려면 일정한 시간 그리고 돈이 필요하다. 예를 들어 플로리스트를 새로운 직업으로 정해 준비하는 과정에 있다면, 가장 먼저 플로리스트가 되기 위한 교육 과정을 수강해야 할 것이다. 또한 현직에서 짧게라도 일하는 기간을 거치며 사업이 어떻게 운영되는지 직접 보고 배우는 기간도 필요하다. 이런 준비 기간에는 수강 비용뿐만 아니라 전반적으로 수입이 부족할 수 있으니 기본적인 생활비를 마련해야 한다.

또한 사업체를 만들려면 업장을 구하고 인테리어를 하고, 고객에게 업장을 알릴 시간까지의 기간에 드는 비용도 고려해야 한다. 만일 직장에 다니면서 준비한다면, 미리 필요한 교육을 수강하고, 주말에 꽃가게에서 아르바이트하며 실무를 익힐 시간을 마련할 수 있다. 구체적으로 계획을 세우고 이를 차근차근 수행한다면 원하는 바를 이룰 확률이 더 높아질 것이다.

셋째, 원래대로 되돌아가려는 마음 때문이다. 모든 사람에게는 '마음의 관성'이 존재한다. 이는 평소 자신이 해 오던 행동을 그대로 유지하려는 현상을 말한다. 어떤 일이든 처음에 닥치면 익숙해지는 데까지 시간이 필요하다. 그러다 일이 손에 익으면 크게 애쓰지 않아도 일을 잘 수행할 수 있게 된다. 새로운 직업을 찾는다는 것은 기존에 익숙해진 일을 벗어나 무언가를 처음부터 다시 시작한다는 뜻이며, 직장인에게는 매달 통장에 입금되는 월급을 포기한다는 의미이기도 하다.

직장을 그만두고 호기롭게 다른 일을 시작했더라도, 새로운 일을 하며 무수히 맞닥뜨리는 어려움에 '그냥 퇴사하지 말고 하던 일이나 잘할 걸 그랬나?' 하며 후회하는 모습을 보이기도 한다. 또한 예상보다 새로운 직업에 도전하는 기간이 길어지면 생활비가 떨어져 실제로 기존에 일했던 분야로 되돌아가려는 모습을 보이기도 한다. 이런 이유로 충분한 시간을 들여 계획하고 준비하는 과정을 거쳐야만 하는 것이다.

작사가 김이나 씨는 자신의 저서에서 '한 번도 꿈을 위해 무모해진 적은 없다.'라고 밝힌다. 단지 음악 관련 분야에서 일하고 싶은 열망에 몇 차례 직장을 옮겨 모바일 콘텐츠 회사에서 일하던 중 우연히 작곡가 김형석 씨를 만나게 되었고, 우연을 기회로 만들어 작사가의 길을 걷게 되었다고 한다.

처음 작사가로 이름을 알린 뒤에도, 약 5년간은 직장생활을 겸했다고 이야기한다. 단순히 간절한 마음만으로 급하게 꿈을 이루려 한 것이 아니라, 지극히 현실적이었기에 무모하게 도전하거나 금세 지치지 않고 작사가의 길을 걸을 수 있었다고 말했다.

　이처럼 새로운 직업을 위해 도전한다면 너무 조급하게 시작하지 않기를 권한다. 나에게 맞는 계획을 세우고 천천히 실행해 나간다면 분명 내가 원하는 분야에서 일하고 있는 내 모습을 발견할 수 있을 것이다.

05

두려움과
당당히
마주하라

우리가 새로운 일을 계획할 때 부정적인 생각이 드는 이유는 무엇일까? 가장 큰 이유는 바로 '두려움' 때문일 것이다. 미래를 구체적으로 그려 나갈 수 없을 때 이런 경향은 더욱 강해진다. 두려운 감정 때문에 현재를 객관적으로 바라보지 못하고, 감정의 소용돌이 속으로 빠져드는 것이다.

정말 중요한 회사 면접을 앞두고 있다고 가정해 보자. 평소 면접 경험이 많거나, 스스로 말을 잘한다고 생각하는 사람이라도 면접을 앞두고 전혀 긴장하지 않는 사람은 없다.

다른 사람들 앞에만 서면 떨려서 발표를 못 하는 사람, 또는 원래 타고나길 처음 만나는 사람과 이야기를 나누는 게 부담스러운 사람들은 면접을 앞두고 불안과 두려운 마음을 더욱 크게 느낄 것이다. 그렇다면 왜 대부분의 사람이 면접을 앞두고 불안함, 초조함, 두려움과 같은 감정과 마주하게 되는 걸까? 그건 바로 면접이 내 인생을 결정지을 중요한 순간이라 직감하기 때문이다. 그건 너무 당연한 소리 아니냐고 하겠지만, 대부분의 사람이 이 당연한 이유를 '제대로' 깨닫지 못한다.

면접을 통과해야만 그토록 원하던 취업의 꿈을 이룰 수 있다. 이제 더이상 취업 준비생으로 지내지 않아도 되고, 다른 사람들에게 당당히 나설 수 있다. 하지만 가장 먼저 이 면접이란 관문을 꼭 통과해야만 한다. 이런 무게감이 불안함, 초조함, 두려움을 만들어 낸다. 인생의 단 한 번의 기회이기에 부담이 생긴다.

이때 대부분의 사람은 두려운 감정을 느끼는 자신을 자책한다. "왜 이렇게 중요한 순간마다 떨리는지 모르겠어요.", "어떻게 하면 이 불안함을 해소할 수 있을까요?" 많은 면접 예정자들이 묻는다. 어떤 사람은 두려움에서 벗어나기 위해 상황을 회피하기도 한다. 면접과 전혀 관련이 없는 일에 시간을 보내며 애써 두려움을 잊어버리려 노력한다. 또는 부담감을 가득 안고 그리 유쾌하지 않은 기분으로 면접을 준비한다. 많은 사람들은 이런 상황에서 두려운 감정에 지배당해 긍정적인 해결책을 마련하지 못한다. 결국 면접에서 자신의 역량을 제대로 발휘하지 못하고, '역시 나는 안 돼.'라고 되뇌며 자책한다.

하지만 반대로 이 중요한 상황을 객관적으로 바라보는 연습을 한다면 부담감을 효과적으로 낮출 수 있다. 다시 말하면, 두려움의 감정을 자연스럽게 받아들이는 것이다. 아래 과정을 함께 살펴보자.

1. 이번 면접이 내 인생에서 가장 중요한 순간이기에 부담이 생긴다.
2. 당연히 나뿐만이 아니라 모든 면접자가 부담감을 느낄 것이다.
3. 두려움이란 감정은 잘못된 감정이 아니며, 두려움을 느끼는 나도 부족한 사람이 아니다.
4. 두려움을 인정하고, 부족한 부분을 차근차근 준비하여 할 수 있다는

확신을 만들자.

위 과정에서 사용한 방법은 '객관화'이다. 이를 통해 현재 상황에서 두려움이란 감정을 느끼는 것은 당연하다는 것을 알게 된다. 또한 모든 면접자도 중요한 시험을 앞두고 부담을 느낄 것이라고 긍정적인 '일반화' 과정을 거쳤다. 그 결과 두려움은 자연스러운 감정이고, 두려움을 느끼는 내가 잘못되지도 않았으며, 면접을 차분히 준비하여 두려움을 확신의 감정으로 만들기 위해 나아간다. 결국 자연스러운 감정인 '두려움'을 어떻게 받아들이느냐에 따라서 결과가 달라질 수 있다.

직업을 전환하려는 사람들도 비슷한 패턴을 보인다. 무언가 새로운 일을 시도하려는 행위는 두려움을 동반한다. 30대 중반의 나이에 직장을 그만두고 작은 카페를 차리기로 했다고 가정해보자. 처음엔 이제 새롭게 나만의 일을 할 수 있겠다는 생각에 설렘과 기대감이 샘솟는다. 그러나 정작 카페를 차리고자 하니 생각보다 큰 비용이 든다. 유동 인구가 많은 1층 상가를 구하려니 권리금이 발생한다. 근처에는 무수히 많은 카페가 존재하는데, 이 카페들과 어떻게 경쟁해야 할지 걱정이 앞선다. 이런 걱정을 객관적으로 바라보면, 결국 이런 과정 역시 카페를 차리는 게 내 생계와 연관된 중요한 일이기에 두려운 감정이 생긴다는 것을 깨닫는다.

우리 뇌는 매우 안정 지향적인 경향을 보인다. 무언가 낯설고, 새로운 상황에 놓이면 자신을 보호하려는 '방어기제(防禦機制)'를 작동한다. 그때 나타나는 감정이 바로 '두려움'이다.

앞선 면접의 예처럼. 자신에게 놓인 상황을 객관화, 일반화해본다면 어떨까? 모든 어려움에도 불구하고 꼭 카페를 차리겠다고 다짐했다면, 다른 카페와 경쟁하기 위한 자신만의 전략을 마련해 대비할 수도 있다. 두려움의 원인을 정확히 파악하고 이를 하나씩 해결하기 위해 노력한다면 분명 두려움을 확신으로 바꿀 수 있을 것이다.

모든 어려움은 극복할 수 있고, 우리는 어려움을 해결할 만한 능력이 있다. 두려움과 마주했을 때, 포기하거나 회피하지 않고 인정한다면, 그리고 애초에 새로운 일을 계획하며 느꼈던 감각에 집중한다면 분명 원하는 목표에 조금 더 일찍 다가갈 수 있을 것이다.

06

내 인생의
정답은
나만 안다

인생에 정답이 있을까? 나는 정답이 있다고 생각한다. 다만 오직 단 하나의 정답이 있다고 여기지는 않는다. 각자에게 어울리는 그 사람만의 인생의 정답이 있다고 믿는다. 인생은 매 순간의 선택을 통해 이루어지고, 자신에 대해 잘 알고 있는 사람은 자기에게 어울리는 선택을 기반으로 자신만의 정답을 만들어 나가는 것이다.

직장생활도 마찬가지다. 원하던 직장에 취업했지만, 적성에 맞지 않아 퇴사를 고민 중인 사회 초년생 A가 있다고 해 보자. 퇴사를 앞둔 시점에 누구도 A의 생각에는 귀 기울여주지 않는다. 가족마저도 어떻게 들어간 직장인데, 그만두느냐고 만류한다. 이때 A에게는 2가지 선택지가 놓여 있다.

1. 퇴사하지 않고 회사에서 계속 버틴다.
2. 자기의 생각을 믿고 진짜 원하는 삶을 위해 퇴사한다.

당신은 어떤 선택을 하겠는가?

대학을 졸업할 무렵, 내 목표는 대기업에 입사하는 것이었다. 대기업 인턴을 거쳐 결국 영업 관리 직무의 정규직으로 입사했지만, 오래 근무하지는 못했다. 이유는 내 성격과 원하는 직업관에 대한 명확한 분석 없이 취업 시장에 뛰어들어서였다. 나는 평소 소수의 친구와 깊은 인간관계를 맺는 걸 더 편안해하는 사람이었다. 하지만 영업 관리직으로 여러 매장을 관리하며 낯선 사람들을 자주 만나다 보니 일하는 게 스트레스로 다가왔다. 더군다나 당시 회사에는 상명하복식의 수직적인 조직 문화와 술을 강권하는 분위기가 남아 있어, 쉽게 적응하기가 어려웠다.

이렇게 직접 사회생활을 경험하며 한 사람의 인생에서 진로의 설정이 얼마나 중요한지를 직접 깨달았다. 그 뒤로 진로 분야에 관심으로 갖게 됐고, 커리어 코칭을 배워보고 싶다는 마음이 생겼다. 이후 대학원에서 전문적으로 코칭을 배우고, 직업상담사 자격증을 취득하여 실제 내 삶에 적용해 보며 내가 진정으로 원하는 삶을 설계해 나갔다. 비록 첫 사회생활의 단추는 잘못 끼웠지만, 그 과정에서 자아를 발견했고 새로운 목표를 세우고 도전했다. 나는 지금 '진로 문제로 방황하는 청년들에게 도움을 줄 수 있는, 실력 있는 커리어 코치가 되겠다.'라는 꿈을 품으며 살고 있다.

앞서 이야기한 대로 회사에서 최대한 버텨보아도 되고, 또 다른 도전을 해도 괜찮다. 하지만 하나만큼은 확실하게 이야기해 주고 싶다. 자신의 인생에서 중요한 선택의 기로에 놓였을 때, 그 선택의 기준은 자신의 마음속에서 진정으로 원하는 것이어야 한다는 것이다. 오직 자기 자신의 마음을 따를 때 주체적이며 행복한 인생을 살 수 있기 때문이다.

물론 어려운 것을 안다. 지금 시대는 실패를 허락하기에는 여유롭지 않은 각박한 사회다. 한 번의 실패로 회복하지 못할 거라는 불안감에 새로운 시도조차 하기 어려운 세상이다. 그러나 먼 훗날 과거를 돌아봤을 때, 후회 없이 인생을 살았다고 스스로 대답할 수 있으려면 최소한 지금의 선택에 후회를 남기지는 말아야 할 것이다.

07

모든 걸
만족하는
선택은 없다

　모두가 만족하는 선택이란 게 있을까? 직장에서 근무하다 보면 하루에
도 몇 번씩 다양한 이해관계가 충돌한다. 새로 시작하는 프로젝트를 어
떤 팀에서 맡을지부터, 팀 안에서는 업무 분장을 어떻게 할지 등 각자가
어느 정도 만족할 수 있는 적정선을 찾기 위해 노력한다. 하지만 모두가
만족하는 결과를 찾기란 매우 어렵다. 어느 정도 불편함을 감수하거나,
상대를 배려하는 과정을 통해 서로 이해관계를 맞춰간다. 이것이 바로
'협상'의 과정이다.

직업을 찾는 것도 이 '협상'의 과정이 필요하다. 진로 코칭을 하다 보면 때로는 어떤 흠결 하나 없이 모든 조건을 완벽하게 충족하는 직업을 원하는 사람이 있다. 이를테면, 연봉도 많이 받고, 정시 퇴근이 가능하며, 수평적이고 자율적인 분위기의 조직 등 누구나 원하는 좋은 조건의 직업을 찾길 원한다.

그러나, 잘 생각해 보자. 연봉을 많이 받는다는 뜻은 그만큼 소속된 회사에 기여해야 하는 역할이 크다는 의미이기도 하다. 회사는 이윤을 내야 하는 곳이고, 근로계약을 통해 임금을 제공하는 대신 근로자의 노동력을 취한다. 한마디로 '기브 앤드 테이크(give and take)'의 관계이다. 이런 노동 구조상 많은 연봉을 받는 직원에게는 그만큼의 책임과 역할을 부여한다. 당연히 연봉을 많이 받으며 워라밸을 유지한다는 건 매우 어려운 일이다. 또한, 만일 모든 조건을 완벽하게 만족하는 기업을 찾더라도 내가 그 기업에 입사하기란 매우 어렵다. 내 눈에 좋아 보이면 다른 사람 눈에도 좋아 보이는 게 당연하며, 입사 경쟁률이 그만큼 높아지기 때문이다.

그렇다면 우리는 어떤 선택을 해야 할까? 앞서 이야기한 것처럼 내가 원하는 직업 가치관이 무엇인지 파악하고, 실현할 수 있는 조건을 정하여 '협상'의 과정을 거쳐야 한다. 진로 코칭을 할 때 직업 선택에 어려움을 겪는 고객에게 이런 질문을 던진다. "직장생활을 하며 이루고 싶은 것은 무엇인가요?" 누군가는 돈을 많이 버는 것일 수도 있고, 또 누군가는 적당히 일하며 정년까지 직장에 다니는 것일 수도 있다. 또 누군가는 특정 분야에 전문가가 되겠다는 목표를 정하는 사람도 있을 것이다. 어떤 것이든 좋다. 자신이 생각하는 이상적인 가치관이 있다면, 그 조건을 최우선으로 하여 적합한 직업을 찾아보면 된다.

그리고 더 중요한 건, 모든 조건을 만족하는 선택은 없다는 것을 인정하는 것이다. 이 세상에 완전무결(完全無缺)한 선택이 과연 존재할까? 내게 이득이 되는 선택의 이면에는 잃는 것도 생기게 마련이다. 직업을 구할 때도, 모든 걸 만족하는 선택을 하려다 결국 아무런 선택도 할 수 없는 상황에 놓이기도 한다. 그러나 애초에 모든 걸 만족하는 직업은 없다는 것을 인정하고, 최우선의 가치를 이루기 위한 선택을 한다면 조금은 수월하게 나만의 직업을 찾을 수 있다.

모든 조건을 만족하는 직업을 찾기 위해 노력하기보다는 내가 우선시하는 조건을 만족하는 직업을 택한 뒤, 조금 덜 중요하다고 생각하는 조건을 채우기 위해 노력하는 방향으로 나아가 보자. 세상에 완벽한 직업은 없다. 똑같은 상황을 완벽하게 만들어 나갈 당신만이 있을 뿐이다.

MZ세대의 빛나는 인생을 위한 커리어 코칭

▶ 직업을 구할 때 가장 우선시하는 조건은 무엇인가요?

_____

_____

_____

_____

▶ 그 조건이 나에게 중요한 이유는 무엇인가요?

_____

_____

_____

_____

08

퇴사하기 전에
생각해야
할 것들

직장인들이 퇴사를 고려하는 가장 큰 이유 중 하나는 바로 직장 내 '인간관계' 문제다. 직장에서 자신과 의견이 충돌하는 동료가 있거나, 상사의 괴롭힘을 견디다 못해 너무 큰 스트레스를 받고, 몸이 상해 결국 퇴사를 결심하기도 한다.

직장인이라면 누구나 한 번쯤은 이런 문제로 고민한다. 더욱이 상대적으로 직장에서 자신의 의견을 적극적으로 내지 못하는 부하 직원이라면 그 고통은 더욱 크다.

　나도 직장생활에서 인간관계로 어려움을 겪은 적이 있다. 자기 일을 아무렇지도 않게 나에게 떠넘기고 퇴근하는 선임 때문에 어려운 시간을 보냈다. 당시에는 내가 퇴사를 하는 것이 지는 것 같아서 악착같이 버텼다. 그렇게 2년 정도의 시간이 지나다 보니 신기하게도 그 선임은 다른 부서로 발령받아 문제가 자연스럽게 해결되기도 했다. 이때 직장 내 인간관계 문제는 해결이 가능할 수도 있다는 걸 알게 됐다.

　직장 내 인간관계 문제 때문에 코칭을 신청한 고객에게는 먼저 인간관계를 해결할 방법이 있는지를 묻는다. 예를 들어, 고민의 원인 제공자와 대화를 통해 문제를 해결할 수도 있다. 또한 앞선 내 사례처럼 부서 이동을 통해 자연스럽게 멀어지는 방법도 있다. 너무 작은 기업이라 이런 방법조차 가능하지 않다면, 일명 '거리두기'를 활용할 수도 있다. 직장에서 특정한 누군가와 마음이 맞지 않아 서로 너무 자주 충돌한다면, 일정 기간 거리를 두고 부딪치는 횟수를 줄여보는 것이다. 직장에서 매일 마주치는 사이여서 힘든 상황일 수도 있지만, 의도적으로 거리를 두며 멀어지려는 노력을 통해 문제를 조금은 완화할 수 있다. 이처럼, 너무 쉽게 퇴사를 생각하기보다는 일단 내가 할 수 있는 모든 노력을 다해 보기를 권한다. 그래야 나중에도 후회가 남지 않는다.

다음으로 퇴사하기 전에 고민해 볼 문제 중 하나는 바로 내가 퇴사를 '도피의 수단'으로 쓰는 건 아닌지 확인하는 것이다.

코칭 의뢰인 A 씨는 공공기관에서 근무하는 직원이었다. 코칭을 진행하며 A 씨는 연차가 쌓여 비중 있는 업무를 수행하며 스트레스를 받고는 있었지만, 업무 수행에 큰 어려움을 느끼지 않는다는 걸 알게 됐다. 또한 동료나 상사와의 관계도 그리 나쁘지 않았다. 하지만 직장생활에 지루함을 느꼈고, 새로운 분야로 이직을 위해 대학원 진학을 고민 중이라고 했다. 이때 조심스럽게 질문을 건넸다. "정말 진심으로 원하는 새로운 분야가 있으세요?" A 씨는 한참을 고민하더니 "생각해 보니 꼭 그렇지는 않다."라는 말을 했다. 직장생활에 무료하고 답답하다 보니 새로운 일을 찾으려는 상황임을 알게 됐다. A 씨는 실제로 대학에서도 한 번의 전공을 바꾼 적이 있으며, 사회생활에서도 다른 분야로 몇 번의 이직을 거친 뒤였다. 일이 어려우면 자신과 잘 맞지 않는다고 생각했고 습관적으로 새로운 분야로 눈을 돌렸다. 이런 이유로 명확한 진로 목표가 없음에도 지속해서 또 다른 무언가를 찾았다.

내가 정말 원하는 일이 없는데도 또 다른 무언가를 습관적으로 찾는다면 현재의 어려움이나 매너리즘을 탈피하는 수단으로 진로를 변경하고자 하는 것은 아닌지 자신에게 질문을 던져 보기를 권한다. 사회생활을 하다 보면 누구나 매너리즘에 빠지는 시기가 있고, 이 시기에는 업무에 변화를 주거나, 취미 활동으로 일상의 활력을 찾는 등 다른 노력으로 문제를 해결해 나갈 수도 있다. 또한 자신이 관심 있는 분야가 있다면 정말 내가 이 진로를 진심으로 원하는지 확실하게 알아가는 시간도 필요하다.

사회생활을 하다 보면 때론 가중된 업무에 스트레스를 받기도 하고, 인간관계로 어려움을 겪기도 하는 등 많은 문제가 일어난다. 하지만 이때 현재 상황을 벗어나기 위한 방안으로 퇴사한다면 나중에 후회할 가능성이 높다. 다른 직장에서는 같은 문제가 발생하지 않는다고 장담할 수 없기 때문이다.

물론 기업문화가 좋은 곳은 분명히 있다. 하지만 사람들이 모이는 조직의 생리는 대부분 유사하다. 전체 결과의 80%가 전체 원인의 20%로 인해 일어난다는 '파레토의 법칙'처럼, 80%의 일하지 않는 사람과 20%의 일하는 사람으로 나뉘기도 한다. 또한 인간의 타고난 본성으로 누군가를 시기하고, 끼리끼리 모여 다니며 뒷담화를 하는 등 어디서나 상황은 비슷하다. 그러니 퇴사하기 전 이게 정말 최선인가를 생각해 보자. 나중에라도 후회가 남지 않으려면 오랜 기간 숙고하고 확인하는 과정을 통해 진정으로 내가 원하는 길을 걸을 수 있게 될 것이다.

MZ세대의 빛나는 인생을 위한 커리어 코칭

▶ 퇴사를 고민한 이유는 무엇인가요?

_____

_____

_____

▶ 그 문제를 해결할 방법이 있나요?

_____

_____

_____

▶ 앞으로 유사한 상황에서 어떤 행동을 하실 건가요?

_____

_____

_____

09

퇴사를
고려해 봐야 하는
상황들

직장을 옮기거나 다른 분야에서 일하고자 할 때는 최대한 신중하게 결정해야 한다. 하지만 퇴사를 고려해도 된다고 생각하는 2가지 경우가 있다.

첫째는 '내가 성장하고 있다는 생각이 들지 않을 때'이다. 취업 시장이 어렵다 보니 많은 청년이 비정규직으로 사회에 첫발을 내디딘다. 사실 사회 초년생을 대상으로 짧은 기간 일하도록 하는 비정규직 제도는 여전히 많은 고용불안 문제를 낳고 있다. IMF 사태 당시 한국의 경직된 고용구조가 문제시됐고, 이를 개선해야 한다는 이야기가 나왔다. 이때부터 사내하청, 위탁계약 등 다양한 형태로 간접고용이 생겨났다.

더 큰 문제는 고용구조뿐만이 아니었다. 기업에서는 계약직 직원을 고용했지만, 실제 계약직 직원의 역할에 관한 정의는 기업마다 상이했다. 계약직 직원에게는 계약직이란 직급에 맞는 업무를 줘야 했지만, 어느 기관에서는 정규직 직원과 동일한 업무를 수행했다. 오히려 정규직보다 더 많은 일을 하는 경우도 있었다. 반대로 또 다른 기관에서는 문서 복사, 행사 준비 지원 등 단순한 업무를 맡기기도 했다. 이처럼 국가의 정책과 고용구조에 의해 취약계층인 청년들이 피해를 보았다.

계약직으로 일하는 것을 사회생활을 간접적으로 경험할 기회, 그리고 다른 기업에 지원할 때 이력서에 넣을 스펙의 용도로 생각한다면 괜찮다. 하지만 몇 년간 계약직 직원으로 일하며, 반복되는 사무 지원 업무로 자신의 역량을 키우지 못하고 그대로 시간만 흘러 버릴 수도 있다. 이런 경우 취업 시장에서 나이 제한으로 인해 환영받지 못함은 둘째로 치고, '경쟁력이 없는 나'로 남게 되는 문제가 발생한다. 내가 일하는 일터 그리고 사회에서 계속 살아남기 위해서는 꾸준히 배우고 성장해야 한다. 그래야 이 험한 취업 시장에서 자신의 자리를 마련할 수 있다.

두 번째는 사회생활에서 비인간적인 대우를 받을 때이다. 10년 전, 내 사회생활의 첫 시작은 남자 직원들로만 구성된 영업 조직에서였다. 당시 업무 중에 욕설은 다반사였고, 함께 차를 타고 가면 재미있는 이야기를 해보라거나, 자신이 좋아하는 노래를 해 보라는 등 비상식적인 언행을 하는 선임이 있었다. 당시에는 인턴 신분이라 참았지만, 지금 돌이켜 봐도 좋은 선임이 아니었던 것으로 기억한다.

10년이 지난 지금은 조금 달라졌을까? 아직도 직장에서 비인간적인 대우를 받는 직장인이 많을 것이다. 우리는 모두 각자가 짊어진 인생의 짐이 있다. 누군가는 학자금 대출을 갚아야 하고, 또 누군가는 가족을 부양하기도 한다. 취업 시장도 좋지 않고, 당장 생활비가 필요하니 그냥 버티는 사람도 있을 것이다.

물론 살아가기 위해서는 돈이 필요하다. 또 다른 곳으로 이직을 한다고 해도 그곳이 더 나을 거란 보장도 없다. 이런 말들도 모두 사실이다.

하지만 모든 사람은 자기 자신을 지키며 행복하게 일할 권리가 있다. 힘든 일을 견디는 것과 인격 모독 수준의 비인간적인 대우를 받으며 버티는 것은 전혀 다른 이야기다. 사람들은 스스로 자신의 마음을 지켜 나가려고 노력해야 한다. 자신의 마음조차도 돌보지 못하는 사람이 누구를 지켜 줄 수 있을까?

쉽지 않은 이야기다. 그러나 여태껏 자신에게 부끄럽지 않게 살아왔다면, 다른 일을 찾을 수 있는 능력은 누구나 충분하다. 때론 나의 행복을 위해, 또한 내 가족과 사랑하는 사람을 위해 결단이 필요하다.

10

똑똑하게
이직하고
직장생활 하는 법

    사회생활을 하다 보면 직장을 여러 번 옮기며 커리어 전환을 시도하는 사람이 있고, 반대로 한 직장에서 오래도록 근무하는 사람도 있다. 최근 MZ세대(1980년대 초반에서 2000년대 초반에 출생한 밀레니얼 세대와 1990년대 중반에서 2000년대 초반에 태어난 Z세대를 지칭)는 짧은 경력으로 계속해서 다른 직장으로 이직하는 경향이 있다. 이처럼 자기 능력 개발과 급여 인상 등의 이유로 2~3년 단위로 직장을 자주 옮기는 것을 '잡호핑(job-hopping)족'이라 칭한다.

누군가는 한 직장에서 오래 근무하지 않고 계속 다른 곳으로 옮기는 사람에게 "끈기가 없다." 또는 "고생을 해보지 않고 자라서 그렇다."라고 이야기한다. 하지만 '끈기'라는 하나의 프레임만으로 이런 현상을 설명하기에는 부족하다. 그 많은 이직자가 모두 끈기가 없어서 직장을 옮기지는 않았을 것이기 때문이다.

그럼 MZ세대는 왜 이렇게 잦은 이직을 하는 걸까? 그 이유는 삶에서 중요시하는 '가치'가 크게 변화했기 때문이다. 부모님 세대는 경제적으로 풍족하지 못한 어린 시절을 보냈고, 이런 이유로 삶의 가장 최우선의 가치는 '의(衣), 식(食), 주(住)'를 해결하는 것이었다. 직업을 구해 먹고사는 문제가 해결된다면 그만큼 삶의 만족도가 높아졌다. 또한 대부분 비슷한 경제력을 지닌 가정에서 자라다 보니 남들과 다른 나만의 목표를 세우는 것이 상대적으로 어려운 시대였다. 한마디로 비슷한 삶의 선택지가 놓여 있었다는 이야기다.

하지만 MZ 세대는 다르다. 어학연수, 해외여행 등을 통해 우리나라뿐만 아니라 다른 세상의 문화와 사회를 직간접적으로 경험할 기회가 많았다. 또한 페이스북, 인스타그램 등 여러 SNS를 통해 매일 누군가의 다양한 라이프 스타일을 간접 체험한다. 이를 통해, 먹고사는 문제는 물론 나만의 가치관을 어떻게 실현할 것인지에 대한 관심이 높다. 부모님 세대는 먹고사는 문제에 먼저 집중한 뒤 자신의 꿈을 찾아 나갔다면, MZ세대는 사회생활에 처음 진입할 때부터 먹고살기 위한 금전적인 보상은 당연하고, 동시에 내 가치관까지 실현할 수 있는 일터를 원하는 것이다.

이런 특성을 인본주의 심리학자 에이브러햄 매슬로우(Abraham H. Maslow)의 5단계 욕구 이론에 빗대어 설명해보자. 매슬로우는 1단계 '생리적 욕구', 2단계 '안전의 욕구', 3단계 '소속감과 애정의 욕구', 4단계 '존경의 욕구', 5단계 '자아실현의 욕구' 총 5단계로 욕구 단계설을 주장했다. 여기서 핵심은 맨 아래 단계의 욕구가 충족되어야 그다음 욕구를 충족하기 위해 노력한다는 것이다. 한마디로 1단계 생리적 욕구가 해소되어야만 그다음 단계인 안전의 욕구를 충족하기 위한 활동을 한다고 한다. 인간은 이 과정을 통해 최종적으로 5단계 자아실현의 욕구를 충족하기 위해 나아간다.

하지만 MZ세대는 이런 욕구의 단계를 탈피한다. 1단계 생리적 욕구의 충족을 원하는 동시에 5단계인 자아실현의 욕구를 함께 충족하길 원하는 것이다. 하지만 이는 앞서 언급한 대로 MZ세대가 끈기가 부족하고 배고픈 걸 모르고 자랐기 때문이라고 설명하기에는 한계가 있다. 우리 부모님 세대와 살아온 환경 자체가 달랐기 때문은 아닐까. 사회가 변화하는 중에 그 사회 속에서 성장한 사람들이 보이는 너무도 자연스러운 행동적 특성으로 바라볼 필요도 있다.

또 다른 이유로는, 직업 가치관이 많이 바뀌었기 때문이다. 부모님 세대는 '평생직장'이 가능했다. 근로 안정이 보장됐고, 사회는 계속 성장했다. 하지만 MZ세대는 어려서부터 불안을 경험했다. 특히 IMF 사태를 직접 몸으로 겪은 밀레니얼 세대는 회사가 그리고 국가가 한 개인을 지켜주지 못할 수도 있다는 불안을 경험했다. 또한 직장인이 되어 보니 '월급 빼고 다 오른다.'라는 말처럼 물가는 끊임없이 오르고, 평생을 일해도 내 집을 구할 수 없을 것이란 현실에 맞닥뜨렸다. 이런 이유로 한 직장에서 오래 머물기보다는 자기 능력을 높여 빠르게 돈을 모을 수 있는 방법을 택하는 것이다.

이런 상황에서 중요한 것은 이직 그 자체가 아니다. 한 취업 플랫폼에서 20~30대 직장인 1,724명을 대상으로 조사한 결과, 직장인 중 72%가

'잡호핑족 트렌드'는 당연하며 긍정적이라고 답변했다고 한다. 실제 직장인 10명 중 4명은 스스로 '잡호핑족'이라고 이야기했고, 이직을 결정하는 이유로 '연봉을 높이기 위해서'가 37.4%로 1위였고, '역량 강화 및 경력 관리를 위해서'가 24.2%로 2위를 차지했다. 그 외에 '상사, 동료에 대한 불만으로 인해서', '적성에 맞지 않는 업무를 시켜서'라는 답변도 상위권에 위치했다.

만일 내가 뚜렷한 커리어 목표가 있고, 이를 위해 경력을 개발하거나 연봉을 올리기 위해서라면 이직이 내 목표를 이루는 한 가지 방안이 될 수 있다. 하지만 직장생활 부적응을 이유로 짧은 기간 내에 계속 이직한다면 정작 내 커리어에 큰 도움이 되지 않는다는 것을 알아야 한다. 가장 중요한 것은 나만의 커리어 목표가 무엇인지를 다시 한 번 점검하고, 그에 맞는 구체적인 계획을 세우는 것이다. 이런 과정을 거칠 때 조금 더 현명하게 이직하고 만족할 만한 직장생활을 할 수 있을 것이다.

11

현명하게
버티며
준비하는 법

진로 코칭을 신청한 의뢰인 A는 앞으로의 직무 설정이 고민이었다. 부모님은 A가 대학에서 경제학을 전공했으므로, 금융권에 입사하여 고객의 자산을 관리하는 프라이빗 뱅커로서의 삶을 살아가기를 원하셨다. A는 부모님이 권유하시는 대로 금융인이 되는 것이 싫지는 않았지만, 인사 직무에 더 큰 관심이 있었다. 이런 상황에서 A는 양쪽 직무를 모두 경험해 본 것이 아니었기에 자신의 선택에 확신이 없었고, 부모님의 너무 큰 기대에 부응하지 못할까 봐 두려움을 느끼고 있었다.

이때 A에게 가장 먼저 경험해보고 싶은 직무는 무엇이냐고 물었고, A는 인사 직무라고 이야기했다. 그렇다면 '인턴직'으로 짧게라도 인사 업무를 경험해 보는 게 어떻겠냐고 제안했다. 물론 인턴으로 일하며 비중 있는 업무를 맡지 못할 수도 있다. 하지만 같은 조직에서 함께 일하며 인사 업무를 수행하는 직원들을 곁에서 볼 수 있고, 업무를 도우며 느끼는 점이 있을 것이기 때문이었다.

그리고 A에게 인턴으로 근무할 때 주의해야 할 사항을 추가로 알려줬다. 만일 인턴으로 인사 업무를 경험해 봤는데, 본인의 생각과 달리 잘 맞지 않는다고 느껴진다면 재빨리 차선책(금융권 입사)을 알아보라는 것이었다. 인사팀에서의 업무가 자신과 맞지 않는데도 부모님의 기대를 충족하고, 나약하지 않은 모습을 보여 드리기 위해 무작정 버틴다면 정작 본인에게 도움이 되지 않기 때문이다. 또한 무작정 버티다가 다른 곳에 도전할 시간과 기회를 놓치게 될 수도 있다.

힘들고 어려워도 인내하여 이뤄내는 걸 긍정적인 시선으로 바라보는 시대가 있었다. 물론 무언가를 이뤄내기 위해서는 버티는 시간이 필요하다. 하지만 이때 가장 중요한 것은 '버티면서까지 이뤄야 할 목표'가 있다

성공하는 MZ세대의 커리어 전략

는 가정하에서 이야기다. 최근 MZ세대는 직장에서 승진을 그리 중요하게 생각하지 않는다고들 이야기하지만, 누군가는 회사에서 임원이 되는 게 목표인 사람도 있다. 이런 경우에는 현재 근무하는 직장에서 최대한 성과를 내서 목표를 이룰 때까지 노력하는 시간이 필요하다. 자신이 원하는 바를 이룰 때까지 묵묵히 나아가는 것이 목표를 이뤄낼 수 있는 가장 빠른 길이다.

하지만 A의 상황은 다르다. A의 목표는 '인사 직무가 나와 잘 맞는지 아는 것'이다. 만일 인사 직무가 나와 잘 맞는다면 일이 힘들고 어려워도 버텨내야 하며, 인턴 경력을 바탕으로 다른 기업에 인사팀 정규직 직원으로 입사하여 커리어를 이어 나가면 된다. 하지만 그 반대라면 빨리 계획을 수정하고 금융권으로 도전하기 위한 노력을 해야 하는 것이다. 게다가 누군가를 만족시키기 위해 버티는 것이 과연 자신에게 도움이 된다고 이야기할 수 있을까?

취업 준비생들은 마음이 조급하다. 한 해, 두 해 시간은 흘러가고, 이러다 영영 취업하지 못할까 봐 걱정이 앞선다. 취업에 성공했더라도, 만일 한정된 인원만이 정규직으로 전환되는 인턴직의 신분이라면? 업무가 자신과 맞지 않는다고 느끼면서도 어떻게든 버티는 게 먼저라고 생각할 수도 있다.

조급하고 답답한 마음은 충분히 이해한다. 그러나 이런 상황임에도 내가 목표로 하는 커리어를 위해 나와 맞는 일을 신중히 찾아가는 과정은 매우 중요하다. 때론 늦는 것 같아 보여도 조급해하지 않고 상황을 여유 있게 바라보는 태도도 필요할 것이다.

12

전 세계와
사회의 변화에
관심을 가져라

글로벌 시장에서 사회적 변화에 적응하지 못해 쇠락의 길로 접어든 기업의 사례가 많다. 대표적으로 핀란드 기업 '노키아(Nokia)'는 1865년 설립되어, 1998년부터 13년간 전 세계 휴대전화 시장에서 점유율 1위를 지켰다.

핀란드 경제를 먹여 살린다는 말이 있을 정도로 매우 높은 위상을 갖췄고, 세금 문제를 일으키지 않는 등 기업의 도덕적 책임에도 매우 충실한 기업이었다.

그러나 스마트폰의 등장으로 휴대전화 업계에 큰 지각 변동이 있었고, 애플, 삼성전자 등 경쟁 기업들의 성장과 새로운 사회적 변화에 빠르게 대처하지 못하여 결국 2013년 휴대전화 사업부를 마이크로소프트사에 매각한다.

직업 선호도 또한 시대의 흐름에 맞게 매우 빠른 변화를 보인다. 몇 년 전부터 초등학생들의 선호 직업으로 크리에이터, 프로게이머, 웹툰 작가 등이 떠오른다. 또한 반려견 문화가 발전하여 반려견 카페나 애견 미용 숍이 등장하고, 반려동물의 행동 교정 프로그램을 설계하고 훈련하는 반려동물 행동 교정사라는 직업이 인기를 끈다.

뉴스 기사에서는 앞으로 AI(artificial intelligence)가 대체할 직업으로 텔레마케터, 번역가, 운전기사 등을 꼽는다. 이렇게 급격하게 변화하는 직업 세계에서 미래에 전망 있는 직업을 찾으려 관심을 기울이는 사람들이 많다.

취업을 준비하는 청년들도 마찬가지다. 미래 산업의 발전 방향을 공부하는 것은 취업 준비생에게는 매우 중요한 취업 준비 과정이다. 이때 가장 쉽게 할 수 있는 방법이 바로 '산업 분석'이다. 보통 취업 시장에서는 문과생보다는 이과 계열 전공자가 더 유리하다고 이야기한다.

그 이유는 뭘까? 그 이유는 우리나라가 제조업을 기반으로 성장해 왔기 때문이다. 자동차, 휴대폰 등 다양한 제품을 세계에 수출해 왔고, 앞으로도 산업 전망이 괜찮다는 평을 받는 곳은 더 많은 인력이 필요할 것이기 때문이다. 특히 개발직, 생산직 직원들이 필요하고, 이런 이유로 이공계의 취업이 문과 계열보다는 상대적으로 수월했다.

이처럼 미래에 성장 가능성이 높은 산업을 이해하고, 관련 기업을 분석하여 입사를 준비하는 것도 중요하다. 문과생들도 마찬가지다. 같은 영업직에 희망하더라도 어떤 산업에 속한 기업에서 일하느냐에 따라 연봉은 물론 직업 안정성까지 영향을 받는다.

예를 들어, 앞으로는 전기차가 더욱 상용화될 것이라는 예상을 누구나 한다. 실제로 자동차 산업이 발달한 독일은 유럽연합(EU) 집행위원회 결정에 따라 2035년까지 가솔린, 디젤, 하이브리드 차량의 판매를 금지하고, 순수 전기차로 전환하겠다는 계획을 발표했다.

우리나라의 자동차 회사들도 엔진 개발을 중단하는 등 세계적인 흐름에 맞추어 계획을 세우고 있다. 이런 소식을 통해 자동차 산업은 현재 전기차로 대체되는 과도기에 있고, 성장 가능성이 높다는 것을 판단할 수 있다.

또한, 뉴스를 관심 있게 보면 전 세계적으로 온실가스 문제를 해소하기 위해 탄소 배출을 줄이고자 노력하고 있고, 기업들도 정부에서 정한 탄소 배출 기준을 맞추려 지속해서 기술 개발을 하고 있다. 정부의 정책에 따라 늦고 빠름은 있겠지만, 향후 풍력, 태양광 등 자연에서 얻을 수 있는 에너지 시장이 성장할 것이라는 걸 예측할 수 있다.

이미 우리나라의 몇몇 대기업에서도 관련 사업 시장을 확대하려는 움직임을 보인다. 문과생이 영업직 또는 경영지원직에 지원할 때도 앞으로 성장할 수 있는 산업, 발전이 예상되는 회사에서 일한다면 만족할 만한 직장생활을 하게 될 가능성이 커진다.

사실, 취업 준비생은 마음이 급하다. 어느 곳이든 빨리 취업해서 사회생활을 시작하고 싶겠지만, 직장을 구할 때도 단순히 취업을 목적에 두지 말고 내가 관심 있는 직무와 발전 가능성이 있는 산업을 분석하는 노력도 필요하다고 이야기해주고 싶다. 큰 노력이 있어야 하는 게 아니다. 틈틈이 경제 관련 뉴스를 확인하며 사회의 변화에 관심을 갖고, 기업에 지원할 때 관련 산업의 현황 등을 분석하는 노력을 기울이는 정도면 충분하다. 이런 노력을 통해 취업을 준비할 때는 물론 취업을 한 뒤에도 세계와 경제를 바라보는 시각을 바탕으로 성공하는 직업생활을 이룰 수 있을 것이다.

MZ세대의 빛나는 인생을 위한 커리어 코칭

▶ 최근 내가 관심 있는 분야의 가장 큰 이슈는 무엇인가요?

_____

_____

_____

_____

▶ 앞으로의 사회 변화에 나는 어떤 준비를 할 수 있을까요?

_____

_____

_____

_____

13

직장인은 가고,
직업인의
시대가 왔다

지금은 상상할 수도 없지만, 아버지 세대는 주 6일 근무가 일상이었다. 토요일까지 근무를 하는 게 너무나 자연스러운 사회. 그러다 주 5일 근무가 보편화되며 어느새 우리는 주중 5일 동안 일하고, 주말에는 쉬는 게 자연스러운 시대에 살고 있다.

최근 해외에는 물론이고 국내 몇몇 기업은 주 4일 근무를 시도하고 있다는 기사도 접한다. 지난 제20대 대통령 선거에서 대선 주자들의 공약에도 주 4일제 또는 주 4.5일제가 언급되고 있는 것을 보면, 이제 주 4일 근무가 자연스럽게 느껴지는 시대가 얼마 남지 않았을 것이라 예상한다. 근로 일수가 적으면 기업 경쟁력이 낮아진다거나, 반대로 근로자가 정해진 근무 시간에 더욱 집중하면 생산성이 더 향상될 거라는 등 여러 이슈가 있지만 이와 관련된 논쟁들은 차치하고, 여기에서는 근로 문화의 변화에 관해서만 집중적으로 알아보기로 하자.

전체적인 관점에서 보자면 이런 근로 문화의 변화는 그 시대의 사회상을 반영한다. 과거에 비해 개인의 여가와 삶에 관해 더욱 관심을 두게 되었고, 이런 사회의 풍토와 국민들의 의식 변화가 더해져 근로 문화도 바뀌고 있다.

최근에는 코로나19 사태로 재택근무가 보편화되었다. 사실 재택근무를 하며 팀 회의를 한다는 데에 부정적인 시선도 있었다. 그러나 어쩔 수 없이 온라인으로 회의를 진행해야 하는 상황에서 실제 온라인으로 회의하다 보니 오히려 회의 시간이 줄고, 더 효율적으로 업무를 처리할 수 있었다는 이야기도 나온다. 이처럼 사회, 문화적인 변화와 시대적 흐름에 따라 근로 문화도 많은 변화를 거친다.

'일'에 대한 관점에서도 사회의 변화와 국민들의 의식이 반영된다. 아직은 '직장인'이란 단어가 너무 자연스러운 시대에 살고 있다. 대학을 졸업하고, 직장에 취직해서 자신이 배정받은 자리에서 밤늦게까지 일하는 모습이 자연스럽다. 그러나 온라인과 매체의 다양화로 다양한 직업이 생겼다.

온라인을 기반으로 판매업을 하는 사업자, 자신만의 작은 스튜디오를 기반으로 개인 방송을 하는 크리에이터, 특정한 업무 공간이 없어도 제약 없이 일할 수 있는 프리랜서와 1인 기업가 등 다양한 직업 유형이 생겨났다.

이런 직업적인 변화를 분명히 체감할 수 있는 사업이 있는데 바로 '공유 오피스'다. 최근 몇 년 새, 개인사업자들이 공동 사무공간을 이용할 수 있는 공유오피스의 수가 급격히 늘어났다.

공유오피스에서는 개인 사무공간이 주어지고, 접견실이나 회의실 등을 필요에 따라 자유롭게 공유한다. 예전처럼 개인사업자가 자주 쓰지 않는 회의실이나 접견실 등을 마련하기 위해 많은 임대료를 낼 필요가 없어진 것이다. 특히 고객과 자주 접할 필요가 없는 온라인 기반의 사업자들이 공유오피스를 많이 찾고 있다. 1인 사업자 그리고 온라인 기반 사업자들의 수가 늘어남에 따라, 이런 변화를 빠르게 반영한 공유오피스 사업이 크게 성장할 수 있었다.

『직장이 없는 시대가 온다』라는 책에서는 미래에 전 세계적으로 회사에 소속된 정규직 직장인의 수보다 프리랜서로 일하는 노동자들이 더 많아질 것이라 예측한다. 앞으로 프리랜서, 1인 사업자 등 다양한 유형의 직업인들이 많아질 것이고 이런 흐름에 맞춰서 대비할 필요가 있다는 것이다.

그럼 이런 직업적 변화에 우리는 어떻게 대응해야 할까? 그건 바로 전문 직업인으로서의 마인드를 갖추는 것이다. 나만의 전문 분야를 찾아야만 직업 사회의 변화에서 살아남을 수 있다.

현재 일하고 있는 직장에서도 마찬가지다. 제너럴리스트도 좋지만, 어느 한 분야에서만큼은 전문적인 내 영역을 확실히 구축할 필요가 있다. 직장에서 나만의 전문 영역은 무엇이고 어떻게 발전시켜 나갈지 꾸준히 계획하고 실행해야 한다.

물론 쉽지 않은 이야기다. 그러나 우리는 사회의 변화에 적응해야 하며, 이왕이면 미리 대비하여 성공적인 제2의 인생을 살아야 하지 않을까? 앞으로는 '직장인'이라는 개념보다 '직업인'이란 단어가 더 자연스럽게 쓰이는 시대가 도래할 것이다. 직업인의 시대는 이미 시작되었다.

CAREER STRATEGY

5장

성숙하고

똑똑하게

사회생활 하는

10가지 원칙

내 인생은
선택할 수
있다

우리는 인생을 살아가며 종종 예기치 못한 일들과 마주친다. 갑자기 건강에 이상이 생겨 잘 다니던 직장을 그만두거나, 사고를 당하는 등 전혀 예상하지 못한 일들이 우리에게 큰 아픔을 주기도 한다.

젊은 나이에 오토바이 사고로 한 팔을 잃은 여성의 이야기를 온라인 기사로 접했다. 17세라는 어린 나이에 사고를 당해 충격이 컸을 텐데도 이를 극복하고 피트니스대회에 출전하여 비장애인과의 경쟁 끝에 3관왕에 올라 많은 사람들에게 희망을 주었다는 내용이다.

이 기사를 보고 이런 생각이 스쳤다. '누군가는 같은 상황에서도 좌절하고 더 이상 삶의 의미를 찾지 못하는데, 누군가는 어떻게 마음을 추스르고 남은 날들을 소중히 여기며 가치 있게 살아가는 걸까?'

'인생은 선택이다.'라는 말이 있다. 우리에게 이미 벌어진 일은 어찌할 수 없다. 하지만 결과를 어떻게 바라볼 것인지는 나에게 달렸다. 결과가 일어난 후의 내 행동은 스스로 선택할 수 있다.

코칭 의뢰인 A는 회사에서 인턴으로 일했다. 정규직 직원으로 전환될 거라 생각했고 당연히 그럴 능력이 있다고 자신했지만, 돌아온 결과는 '정규직 전환 불가 통보'였다. 처음엔 인정할 수 없었다. 다른 사람을 미워했고, 내가 부족했기에 생긴 일이라며 자책했다. 하지만 그런다고 해서 결과는 달라지지 않았다.

나는 그저 가만히 A의 이야기를 들어주었다. "마음이 많이 안 좋으셨겠어요." A는 잠시 생각에 잠긴 뒤 이야기했다. "이미 다 지나간 일인 거죠." 몇 번의 코칭을 거친 뒤 A는 더 이상 누군가를 미워하지 않기로 했고, 자신이 할 수 있는 일을 찾아 나섰다.

또다시 패배의 감정을 느끼고 싶지 않아 하루하루를 더 열심히 살아갔다. 이미 좋지 않은 결과가 일어났지만, 그 뒤에 어떻게 행동하고 나아갈지는 온전히 A의 선택이었다.

사회생활을 하면서도 누구나 어려운 일을 겪는다. 계약직 신분 때문에 불안한 하루를 보낼 수도 있고, 이른 나이에 권고사직을 당해 삶이 막막해질 수도 있다.

이런 상황에 놓인 많은 사람이 누군가를 미워하거나 자신을 탓한다. '그 못된 상사를 만나지만 않았다면 내 인생이 달라졌을 텐데.', '빨리 그만두고 더 안정적인 신분으로 사회생활을 시작했어야 했는데.' 이렇듯 과거에 일어난 상황에 묶여 후회하는 인생을 살아간다.

물론 이런 아픔을 극복하기란 매우 어렵다. 또한 과거의 행동과 선택을 후회하는 것도 너무나 자연스러운 감정이다. 하지만 앞으로의 인생을 어떻게 만들어 갈지는 오로지 내 선택에 달렸다.

　과거 속에 살면서 누군가를 미워하며, 지금의 상황을 한탄할 것인가.
아니면 훌훌 털고 일어나 새로운 미래를 위해 다시 한번 뛰어 볼 것인가.
결국 인생은 선택이다.

02

실패를
똑바로
바라보라

우리는 꽤 많은 실패를 겪는다. 진행하는 프로젝트가 어그러지기도 하고, 인간관계가 마음먹은 대로 되지 않을 때도 있다. 한 사람의 일생에 빗대어 보면, '원하는 대학에 입학하지 못하는 것. 잠자는 시간까지 쪼개서 열심히 공부했지만, 시험에 합격하지 못한 것. 사랑하는 사람과 끝내 이루어지지 못한 것' 등 많은 실패를 경험한다.

한 가지 안타까운 점은, 그 누구도 실패에 대처하는 방법은 알려 주지 않는다는 것이다. 누군가 위로는 해 줄 수 있지만, 쓰린 이 마음을 어떻게 다루어야 하는지 충분히 알려 주지 않는다. 그래서 누군가는 담담히 넘길 수도 있는 실패라는 사건에 대해, 또 누군가는 크나큰 마음의 상처를 받기도 한다.

내가 처음 겪었던 최대치의 패배는 대학 졸업을 앞두고 취업전선에 뛰어들며 발생했다. 수십 군데의 기업에 입사지원서를 보내 봤지만, 돌아오는 답 메일에는 매번 거절의 내용이 가득했다. '우리 회사에 관심을 가져 주셔서 감사합니다.'로 시작해서 '제한된 선발 인원으로 인해 귀하를 모시지 못하게 됐습니다.'와 같은 내용들.

실패에 익숙하지 않은 우리에게는 이런 일들이 큰 고역이다. 이미 이런 과정을 거쳐 간 인생의 선배들이 했던 이야기처럼 거절의 순간들을 인생에서 필연적으로 발생하는 하나의 통과의례처럼 생각해 보려고도 했다.

그렇다고 해도 우울한 마음을 달랠 길이 없었다. 계속된 불합격 소식들은 이미 낮아질 대로 낮아진 내 자존감을 조금씩 갉아먹었다. 실패의 순간들은 아무리 반복되어도 익숙해지기는커녕 매번 더 아팠다.

하루는 대학교 도서관 사물함 신청 결과 문자가 왔는데, 거기에 '불합격'이란 단어가 쓰여 있었다. "이제 하다 하다 사물함마저 나를 거절하는구나." 하며 툴툴거리던 기억도 난다. 차라리 '다음 기회에' 같은 완곡한 표현을 쓸 순 없었던 걸까. 어쨌든, 그 시기의 내가 처음 마주했던 패배는 물론 그 후의 반복된 수많은 거절의 상황에 대처하는 나의 태도가 그리 세련되지는 않았다는 사실이다.

바둑의 황제라 불리는 조훈현 기사의 책『고수의 생각법』에서 바둑 기사들은 시합이 끝나고 반드시 서로의 대국을 '복기(復棋)'한다는 것을 알게 됐다. 이미 승부가 난 대국 앞에서 두 명의 기사는 바로 자리를 뜨지 않고 자신의 경기를 되짚는 것이다. 이긴 사람은 이긴 이유를, 진 사람은 진 이유를 차근차근 검토한다. 오랫동안 승부를 가리기 위해 치열하게 머리를 쓴 기사들이 승리와 패배의 감정을 느낄 새도 없이 자신의 대국을 분석하기 위해 또다시 시간을 쏟는다.

하루하루가 승부의 연속인 프로 기사들에게도 때론 '패배'가 익숙지 않을 것이다. 더 노력하고 열중한 대회에서 결과가 좋지 않았을 때는 그 충격은 배가 될 것이다. 그런데도 그들은 반드시 패배의 원인을 분석한다. 어제의 실수를 되풀이하지 않기 위해 끈질기게 물고 늘어진다. 어쩌면 패배에 대응하는 가장 현명한 방법은 그 원인을 찾아 되풀이하지 않는 것일 수도 있다.

나는 똑같은 패배를 반복하지는 않았나? 패배의 원인이 무엇인지 제대로 짚고 넘어가지는 않았을까? 생각해 보게 된다. 내가 뿌린 수많은 자기소개서가 사실은 지원하는 기업과는 상관없이 똑같은 내용으로 도배된 것은 아니었나. 시험에 탈락한 뒤 어떤 부분에서 부족했는지 진지하게 검토해 보지 않은 채 똑같은 방식으로 열심히만 공부한 건 아니었나.

한 개인이 짊어져야 할 실패의 무게가 너무 커져 버린 사회 속에서 살고 있다. '실패'하면 끝난다는 무언의 압박감에 사는 사람들도 많다. 버티고, 견디다 자신을 망치는 길로 들어서기도 한다. 우리는 살아오며 수많은 교육을 받았지만, 아무도 실패를 극복하는 방법은 가르쳐 주지 않았다. 그렇기에 실패를 똑바로 바라보는 연습이 무엇보다도 중요하다. 실패를 극복하며 마음을 다잡는 것, 되풀이하지 않고 어제보다 더 나은 오

늘을 살아가는 것. 그렇게 조금씩 발전한 나를 발견하는 게, 현명하게 오

늘을 살아가는 최선의 방법이 아닐까.

MZ세대의 빛나는 인생을 위한 커리어 코칭

▶ 살아오며 가장 기억에 남는 실패의 경험은 무엇인가요?

_____

_____

_____

▶ 실패를 극복하기 위해 어떤 노력을 했나요?

_____

_____

_____

▶ 이 과정에서 느끼고 배운 점은 무엇인가요?

_____

_____

_____

03

둔감함과
예민함에
관하여

처음 사회생활을 시작할 때, 신입직원은 주어진 업무를 성공적으로 처리하기 위해 모든 노력을 쏟는다. 그러다 연차가 쌓이면, 조직 생활에서는 단순히 맡은 업무를 잘 처리하는 것 외에도 다른 동료들과의 관계도 중요하다는 것을 깨닫는다. 특히 상사와의 관계를 원활히 유지하는 방법에 관심이 크다.

이런 이유로, 직장 내 처세와 관련된 책 또는 외향성, 내향성 등 개인의 성격적인 요인에 집중하여 사회생활과 연결한 책들이 인기를 끈다. 이런 책을 살펴보면, 어떤 책은 외향적인 성격이 직장생활 또는 인간관계에 도움이 된다고 하고, 또 어떤 책에서는 오히려 내향적인 성격도 직장생활에 유리한 점이 있다고 이야기한다. 그러다 보니 '성격'이 사회생활에 절대적으로 큰 영향을 끼친다고 생각하는 사람이 있다. 물론 타고난 성격이 개인의 생활에 영향을 주는 것은 사실이다. 하지만 '사회생활을 꼭 성격적인 요인에 한정 지어서 구분해야 하는가?'에 대한 의문이 있다.

『둔감력』이라는 책에서는 '둔감한' 성격이 '예민한' 성격보다 낫다고 이야기한다. 둔감함이란 직장, 건강, 가정, 연애 등 삶의 거의 모든 부분에서 장점이 될 수 있다고 주장한다. 직장에서 상사에게 크게 꾸지람을 들은 뒤 다음 날 아무렇지도 않게 출근한 직원이, 상사의 꾸지람을 계속해서 되뇌고 스스로 자존감을 떨어뜨리는 직원보다 강인하고 믿음직스럽다고 얘기한다. 가정에서도 마찬가지다. 부인이 잔소리할 때 예민하게 반응하며 싸우지 말고, "거참, 저 아줌마 아무것도 아닌 문제로 잔소리하고 있네." 하며 상대하지 않으면 부인이 알아서 어느 정도 단념하고 여유롭게 대처해 나갈지도 모른다고 이야기한다. 과연 그런가?

사실, 삶에서 발생하는 문제들의 원인은 '성격' 때문이 아닐 수도 있다. 예를 들어 직장 상사에게 꾸지람을 들을 때, 둔감하거나 혹은 예민하거나 2가지 성격적인 문제에 집중하는 것이 아니라, 문제가 발생한 이유에 대해서 정확히 파악하는 것이 먼저 이루어져야 한다. 사건을 감정적으로 받아들이지 않고, 문제가 왜 발생했는지 파악하고 다시 재발하지 않도록 해야 한다.

단순히 상사의 꾸지람을 묵묵히 받아들이는 '둔감함'이나, 감정에만 몰두하는 '예민함' 2가지 반응의 결과로 상황을 정의하는 건 문제의 핵심을 파악하지 못했다는 생각이 든다.

가정에서도 마찬가지다. 부인의 잔소리를 회피하는 것은, 둔감한 성격과는 무관하다. 분명 다른 문제다. 누군가 상대에게 잔소리를 한다는 건, 무언가 마음에 들지 않는 부분이 있다는 얘기다. 서로 대화를 통해 상대방이 불만족한 부분을 줄이거나, 문제를 일으키는 행동을 하지 않는 게 훨씬 더 원활한 가정생활을 할 수 있는 방법이 아닐까? 내 경험상, 문제를 회피하고자 하면 문제의 해결은커녕, 오해만 쌓여 더 큰 부부싸움을 일으킬 가능성이 높았다.

직장에서 다른 부서에 근무했던 직원 A는 경력직으로 입사해 일한 지 몇 개월 되지는 않았지만, 부서에서 잘 적응하고 있다는 소문이 들렸다. 사실 A가 입사한 부서는 부서장과 신입직원들의 불화로 벌써 2명의 직원이 입사한 뒤 얼마 버티지 못하고 퇴사한 상태였다. 나는 A가 어떻게 회사에 잘 적응했는지 궁금해 그 비결을 물었다.

A는 '사실의 문제'를 '감정의 문제'로 연결하지 않는 게 중요하다고 했다. 어느 조직이든 자신과 생각이 다른 사람은 존재하기에 문제가 발생할 때마다 감정적으로 대한다면 어느새 자신이 먼저 지친다고 이야기했다. 또한 상황을 감정과 연결하지 않고, 문제의 원인을 파악하는 데 주력한다고 말했다.

A는 직장에서 본인의 가치관과 다른 사람이 있을 수 있다는 사실을 인정했다. 또한 자신의 가치와 달라 생겨나는 문제를 사실 그대로만 판단하려고 노력했다. '저 사람이 내게 왜 그런 말을 했을까?', '내게 안 좋은 감정이 있나?' 하며 사실의 문제를 감정의 문제로 확장하지 않았다. 그래서 자신의 상황을 좀 더 객관적인 시각으로 볼 수 있었고, 필요 없는 감정소비를 줄일 수 있었다.

누군가는 '둔감함'이 사회생활을 하는 데 유리하다고 한다. 또 최근에는 다른 사람의 감정을 쉽게 알아챌 수 있는 '예민함'의 장점에 관해서 이야기한다. 하지만 애초에 무엇이 낫다 못하다 구분하는 것 자체가 말이 되지 않는다. 사람은 흑과 백처럼 '둔감함'과 '예민함'이란 성격으로 정확히 나눌 수도 없다. 오랜 시간을 거친 주관적인 삶(부모와의 관계, 인간관계, 직장생활 등)과 같은 무수히 많은 변수에 의해 둔감한 부분과 예민한 부분이 나뉜다. 성격은 지극히 개인적인 영역이다.

어차피 하루아침에 예민한 성격의 사람이 둔감하게 변하지도 않는다. 억지로 노력하면 오히려 더 큰 스트레스를 받을 가능성도 크다. 어쩌면 가장 중요한 건, 앞서 이야기한 대로 '사실의 문제'를 '감정의 문제'로 연결시키지 않는 것이 아닐까? 문제의 핵심을 알 때, 쓸데없는 감정의 소모는 줄고, 내 마음을 지킬 수 있는 단단한 힘을 얻게 된다.

M Z 세 대 의   빛 나 는   인 생 을   위 한   커 리 어   코 칭

▶ 최근에 나를 힘들게 했던 일은 무엇이었나요?

_____

_____

_____

▶ 그 일의 '사실의 문제', '감정의 문제'는 무엇이었나요?

_____

_____

_____

▶ 다음에 비슷한 일이 생기면 어떻게 대처해야 할까요?

_____

_____

_____

04

잔소리도
조언도 아닌
공감이 먼저다

인기 예능 프로그램 〈유 퀴즈 온 더 블록〉에서 MC 유재석 씨가 한 초등학생에게 "잔소리와 조언의 차이가 뭐라고 생각하시나요?"라는 질문을 건넸다. 이때 초등학생은 "잔소리는 왠지 모르게 기분 나쁜데, 충고(조언)는 더 기분 나빠요."라고 이야기해서 MC들의 공감을 일으켰다. 이후 이 초등학생의 대답이 SNS에 올라와 많은 사람에게 알려졌다.

각자 생각하는 잔소리와 조언의 차이는 다르지만, 이 둘을 구분하기 위해서는 2가지 조건을 살펴봐야 한다고 생각한다. 첫째로, 듣는 사람이 상대방의 이야기를 받아들일 준비가 되어 있어야 한다. 내가 어떤 주제에 대해 고민하고 있거나, 누군가의 도움이 필요하여 의견을 구한다면 이때는 내가 상대방의 이야기를 받아들일 준비가 된 것이며, 이때는 '조언'이 될 수 있다. 반대로 내가 궁금해하지도 않고 아무런 문제도 없다고 느끼는 상황에서, 상대방이 대뜸 자발적으로 이야기한다면 이때는 '잔소리'가 된다.

또한 의사 판단의 기준이 누구에게 있는지도 살펴봐야 한다. 보통 잔소리할 때는 어떤 상황에 대한 판단의 기준은 잔소리하는 사람에게 있다. 예를 들어 상대방의 어떤 특정한 행동이 본인이 생각하는 가치관에 비추어 봤을 때, 바람직하지 않다고 느끼고 상대방은 정답에서 벗어났다고 이미 가치 판단을 해 버리는 것이다. 하지만 잔소리를 듣는 상대방도 그런 행동을 한 이유와 자신만의 가치 판단의 기준이 있기에 상대방의 말이 불쾌하게 느껴지는 것이다.

앞서 나온 사례의 초등학생은 상대방의 이야기를 받아들일 준비가 되어 있지 않고, 자신만의 가치 판단 기준을 누군가에게 무시당했기에 유쾌하지 않은 기분을 느꼈을 것이다.

두 번째는, 상호 간의 '공감대'가 형성되어 있는지다. 오랜만에 만나는 친척 어른들의 "취업은 했니?", "아이는 언제 가질 거니?" 등과 같은 질문 때문에 고향에 가지 않고 혼자 명절을 보낸다는 이야기는 명절마다 반복되는 단골 이슈이다. 우리는 왜 이런 질문에 불쾌함을 느끼는 걸까? 서로 공감대를 형성하지 않은 상태에서 나온 질문이기 때문이다. 평소 자주 연락하며 서로의 안부를 묻고 지냈다면 이런 질문이 나올 수도 없을뿐더러 질문을 받는다고 하더라도 상대적으로 기분이 덜 상했을 것이다.

하지만 몇 년 내내 소식도 모르고 지내다가 갑자기 개인적인 심리적 안전선을 '훅' 하고 넘어 버리는 질문을 받기에 감정이 상한다. 상호 간에 심리적인 '공감대'가 형성되어 있지 않았기에 나를 진정으로 생각해서 하는 질문이 아니라는 걸 느끼고 쓸데없는 잔소리로 받아들이게 된다.

회사에서도 마찬가지다. 성과가 좋을 때는 누구도 내게 관여하지 않는다. 그러나 반대의 상황에서는 모든 것이 변한다. 관리자들은 평소에는 무관심하다가 직원들이 실수하거나, 실적이 좋지 않을 때 모습을 드러낸다. 부정적인 상황에 집중하고, 직원들에게 잔소리하며 자존감을 떨어뜨린다. 옆에 있던 선임은 평소에 동료들의 일에는 큰 관심도 없고, 후임이 어떤 어려움을 겪고 있는지 알지도 못하다가 갑작스레 조언 같은 잔소리를 건넨다. 이렇게 서로 공감하지 못한 상황에서 갑작스럽게 잔소리를 한다면? 그걸 그대로 기분 좋게 받아들이는 사람은 없을 것이다.

이런 상황이 지속해서 반복되다 보니 서로 안 좋은 감정이 쌓이고, 점점 '상대방을 이해할 수 없다'고 이야기하는 사람들이 늘어간다. 주위에는 타인을 너무 쉽게 판단하는 사람들이 있다. 수백 번 고민한 끝에 직장에서 퇴사한 이에게 "너만 힘든 줄 아느냐, 다들 힘들게 사회생활 한다."라는 등 너무도 쉽게 말을 던진다. 그렇게 나온 '말'들은 '칼'이 되어 가슴에 꽂힌다.

아픔은 당사자가 가장 크게 느낀다. 타인이 지레 머리로만 판단하고 쉽게 내뱉을 수 있는 종류가 아니다. 스스로 판단하기에 자신의 가치와 맞지 않는다 해도 입 밖에 내지 말아야 한다. 무슨 말이라도 해 주고 싶다면 '많이 아팠겠구나.' 하며 상대의 감정을 있는 그대로 읽어 주기만 하면 된다.

어쩌면 지금 시대는 잔소리나 어설픈 조언이 아닌 따뜻한 공감이 필요할 때가 아닐까? 누군가를 진심으로 위하는 방법은 따로 있다. 그건 바로 상대방을 판단하지 않고, 있는 그대로 바라봐 주는 것이다.

05

우리는
모두 끼인
세대다

우리 집안은 대가족이었다. 할아버지는 4남 2녀 중 장남이셨고, 아버지는 4형제 중 맏이셨다. 명절이면 50명이 넘는 인원이 모였고, 한 해에만 제사, 생신, 한식 등을 포함해 최소 8번 이상의 집안 행사가 있었다.

맏며느리였던 어머니는 40년이 넘도록 이 모든 일을 묵묵히 감당하셨다. 명절과 제사를 연달아 지내신 후에는 병원에 다니시며 병치레하시는 모습을 보며 마음이 아팠다. 그러면서도 본인의 책임을 다하고자 했던 어머니를 참 대단하게 느꼈다.

하루는 어머니께 물었다. "제사 지내시는 거 힘들지 않으세요?" 그러자 대답하셨다. "당연히 힘들지. 하지만 내 할 도리는 다해야 하지 않겠니. 이렇게 제사를 지내는 것도 우리 세대가 마지막일 거야. 너희 세대는 점점 간소화하겠지. 우린 끼인 세대인 거야." 끼인 세대라….

대가족 그리고 농경사회에서는 당연시되었던 오랜 전통들은 사회의 빠른 변화 속에서 그 필요성을 의심받게 된다. 그러나 전통이란 단어 자체의 무게감이 증명하듯, 한순간에 모든 것이 옛것이 되지는 않는다. 할아버지 세대를 지나 부모님의 세대가 그 변화를 묵묵히 이어 나가고 있었다.

회사에서도 마찬가지였다. 언젠가 팀장님과 단둘이 야근하던 날이었다. 9시쯤 되었을까. 다른 팀 팀장님이 우리 팀으로 잠시 휴식을 취하기 위해 찾아 오셨다. 일과 가정 얘기를 잠시 나누시곤 본인의 사무실로 돌아갔다.

잠시 후 팀장님께서 이야기했다. "A 팀장이 요새 힘든 것 같아. 보직

자로서 책임은 있지, 아래 직원들은 잘 따르지 않는 것 같더라고. 요새는 워라밸이 중시되는 사회니, 강압적으로 일을 시킬 수도 없고 힘든 거지. 우리가 끼인 세대라 그런 거지 뭐." 어쩌면 지금의 40대 팀장급의 중간 관리자 세대도 참 힘들겠다는 생각이 들었다.

이전 세대의 임원들은 관리 역할에 충실했다면, 이제는 중간관리자가 실무도 완벽하게 해내야 한다. 직장 일이 최우선의 가치였던 이전 세대의 선배들과 개인의 삶이 더 중요하다고 생각하는 MZ세대의 사이에서 함께 일하는 것도 쉽지 않을 것이다.

사회가 참 빨리 변화했다. 아쉽게도 사회의 뿌리인 구성원들의 가치관이 그 속도를 따라가지 못했다. 동의하지 않은 가치들이 우후죽순(雨後竹筍) 늘어가며 충돌하고 그사이에 역사의 피해자들(끼인 세대)이 발생한다. "모든 세대는 그 세대만의 과업이 있다."라는 어느 유명 작가의 이야기처럼 우린 각자의 과업 달성을 위해 오늘을 묵묵히 그리고 뜨겁게 견뎌낸다.

내가 처한 상황에서 벗어나 다른 이들의 처지를 바라보면 그들의 삶도 그리 쉽지 않음을 느낀다. 모두 끼인 세대로 사는 우리, 각 세대의 무게를 전부 이해할 수 없겠지만 아주 가끔은 서로의 처지를 공감해 보는 건 어떨까. 그러면 조금은 이해할 수 있지 않을까?

06

더 나은
사회를
만드는 사람

한 사람이 조직의 문화를 새롭게 바꿀 수 있을까? 한 회사의 최고 의사 결정권자라면 가능할 수도 있다. 하지만 한 조직의 최고 권력자라도 그동안 공고히 다져온 조직의 문화를 한순간에 바꾼다는 건 쉽지 않은 일이다.

더욱이 조직에 뿌리 깊게 자리하여 조직원들이 그런 문화가 자신들에게 좋지 않은 영향을 준다는 것조차 느끼지 못한다면 문제는 더욱 심각하다. 외부인의 시선으로 바라보지 않는다면, 그리고 조직 구성원들의 생각이 달라지는 특정한 계기가 없다면 절대 바뀌지 않는다.

동창생 중에 의경으로 근무했던 친구가 있다. 당시 친구가 속한 조직에서는 공공연히 후임들을 구타하는 문화가 남아 있었다. 대부분의 동기는 견디는 방법을 택했다. 조직 문화의 일부분이라 여겨 애써 눈 감았다. 그런데 아이러니하게도 그렇게 구타당했던 동기들이 선임이 되자 싫어했던 조직의 문화를 그대로 답습했다. 옳고 그름이란 없었다. 단지 '그래 왔으니까.'라는 이유 하나만으로 선임들의 잘못된 문화를 후배에게 대물림했다.

그러나 이 친구의 생각은 달랐다. 친구가 부대 최고참이 되자 조직 내 모든 구타 문화를 없앴다. 한 사람의 의지로 조직 문화를 바꿔 버린 것이다. 자신이 겪었던 어려움을 극복하고 옳지 않은 관습을 이어 나가지 않기 위해 노력했다는 게 놀라웠다. 이처럼 잘못된 문화를 바꾸고자 노력하는 사람이 얼마나 될까?

내가 영업 관리직으로 사기업에 갓 입사했을 때였다. 같은 팀의 막내 선배가 다른 선배들에게 이야기할 때, 말끝에 '다'나 '까'를 붙였다. 알다시피, '다나까'는 군대식 말투다.

하루는 궁금해서 선배에게 물었다. "선배님, 왜 다나까를 쓰십니까?" (나도 어쩔 수 없이 쓰고 있었다.) 선배는 자신이 입사했을 당시, 군대 장교로 전역하고 팀에 들어온 선임이 그렇게 하라고 시킨 뒤로 지금처럼 되어 버렸다고 얘기했다. 그 선임은 다른 지역으로 발령이 나서 팀에 없었지만, 그가 만들어 놓은 문화는 남아 그 명맥을 고스란히 유지해 오고 있었다.

내가 직장에서 일하며 다짐했던 것은 만약 조직에서 높은 위치까지 올라간다면 인턴, 계약직 직원 등 사회 초년생들의 어려움을 보듬어 주는 사람이 되고 싶다는 것이었다. 비록 그 꿈은 이룰 수 없게 됐지만, 내가 배운 코칭을 통해 청년들에게 희망을 주는 사람이 되고 싶다는 또 다른 꿈을 위해 나아가고 있다.

누군가 지금 어려운 처지에 있다면 그 아픈 기억을 잊지 않고 간직했으면 하는 바람이다. 잊지 않고 더 높은 자리에서 더 나은 문화를 만들기 위해 노력해 주었으면 한다. '나 하나로 변하겠어?'라는 생각이 들 수도 있다. 하지만 지금, 내가 위치한 곳에서부터 변화는 시작된다. 한 사람 두 사람의 바른 생각이 조직을 바꿀 것이며, 많은 조직이 바뀐다면 분명히 사회도 더 나은 방향으로 나아갈 것이라 믿는다.

▶ 내가 바꾸고 싶은 조직/사회 문화는 무엇인가요?

_____

_____

_____

_____

▶ 지금부터 내가 어떻게 바꿔볼 수 있을까요? (작은 것이어도 괜찮습니다)

_____

_____

_____

_____

07

누구에게도
대체되지
마라

직장에서 홍보 담당자로 일할 때였다. 당시 기관 홍보를 위해 홈페이지 제작, 웹진 및 브로슈어 발간 등 여러 업무를 맡았다. 이때 실질적으로 혼자 실무를 전담해야 했기에 외주 업체와 계약을 맺어 업무를 함께 진행했다.

예를 들어 웹진 한 편을 만들기 위해 전체적인 기획 방향과 발간 일정을 조정하는 등 전반적인 관리 업무를 주로 담당했고, 실제 웹진 기사를 작성하고 디자인 작업을 하는 건 업체의 몫이었다.

   2년이 가까운 시간이 흐르자 이런 업무 프로세스에 익숙해졌다. 그러나 문득 이런 생각이 들었다. 내가 진짜 홍보 실무자라고 누군가에게 당당히 이야기할 수 있을까? 만일 갑작스레 지금의 업체와 함께 일하지 못한다면 그동안 업체가 했던 일까지 오롯이 혼자 감당할 수 있을까? 물론 다른 업체를 선정하여 같은 일을 맡기면 문제는 해결이 된다. 그러나 '업체를 바꾸듯 내 자리도 누군가에게 쉽게 대체될 수 있겠구나.'라는 생각이 스쳤다. 그리고 만일 지금 근무하는 곳에서 떠나 다른 직장에서 일한다면 경쟁력 있는 직장인으로서 '내 몫의 역할을 해내지 못할 수도 있겠다.'라는 불안이 밀려 왔다.

   많은 조직에서는 이처럼 외주 업체를 활용해 일을 진행한다. 앞서 이야기한 것처럼 일단 프로젝트는 원활히 진행되고, 눈에 보이는 성과가 있으므로 큰 문제가 없어 보인다. 또한 누군가는 "주어진 시간 내에 맡은 업무를 효율적으로 진행하기 위해서 외주 업체를 쓰는 것도 고려해 봐야 한다."라고 말한다. 물론 이런 의견도 일리가 있다. 하지만 이때, 내가 맡은 업무의 부담을 덜고 편하게 근무하고 싶은 마음 때문에 불필요한 외주 작업을 주는 것은 아닌지는 확인해 볼 필요가 있다.

직장 내부에서도 마찬가지다. 그동안은 회사에서 연차가 쌓이고 직급이 올라갈수록 실무를 하는 시간보다 부하 직원들을 관리하는 업무 비중이 더 커졌다. 앞서 외부 업체에 일을 주듯, 업무를 팀원들에게 적절히 배분하고, 결과물을 검토하는 역할을 주로 담당했다. 하지만 세상이 빠르게 바뀐 것처럼, 직장에서의 업무도 다변화했다. 홍보 업무만 해도 예전에는 신문과 방송 매체의 영향력이 가장 컸고, 따라서 기업에서는 이런 매체에 홍보 역량을 집중했다. 아직도 신문과 방송이란 매체의 힘은 강력하다. 그러나 SNS와 유튜브 등 온라인을 기반으로 한 매체의 영향력 또한 매우 커졌고, 이런 사회 흐름에 발맞춰 홍보 업무도 다양한 매체를 골고루 활용해야 할 필요성이 생겼다. 실제로 많은 회사에서 홍보팀 직원을 채용할 때, 디자인 작업이나 영상 편집 능력을 필수 역량으로 내세운 곳도 많다.

전 세계적인 경기 불황과 원자재 가격의 상승 등 기업 운영이 한층 더 어려워진 상황에서 기업은 점점 몸집을 줄여가고 있다. 이렇게 사회가 변하면 직장인들도 그에 발맞춰 자신만의 역량을 개발해야 한다. 따라서 이런 변화와 새로운 트렌드에 관심을 기울이지 않고, 단순히 누군가에게 외주를 주는 방식으로 직장생활을 해 온 사람들에게는 큰 위기가 올 수밖에 없다. 자신의 자리를 누군가에게 대체 당할 수밖에 없는 처지에 놓일 가능성이 크다. 이제 한 번쯤은 내게 질문을 던져보자. 과연 나는 대체되지 않을 수 있을까?

08

내 마음과
생각에
솔직하라

사람들은 부정적인 일을 피하는 것에 집중할까? 아니면 긍정적인 일을 강화하는 데 집중할까? 내 생각엔 전자다. 회사생활을 예로 들어보자. 회식할 때, 누군가 좋아하는 메뉴를 고르기보단 모두 싫어하지 않는 메뉴를 고른다. 누군가 특별히 좋아하지도 않지만, 모두 싫어하지 않는 메뉴이기에 안전하다고 생각한다. 특별히 좋아하는 사람이 없기에 큰 감동도 없는 반면, 누군가의 불평도 없다. 무난하다. 그래서 잘 골랐다고 생각한다.

일할 때도 마찬가지다. 뛰어난 성과를 내는 데 집중하기보단 남들보다 뒤떨어지지 않으면 된다고 여긴다. 직속 상사의 눈치를 살피기 시작한다. 근무 태도에 민감한 상사의 성향에 맞추려 절대 지각하지 않고, 참석하고 싶지 않은 회식 자리에 투덜대며 들어갔지만, 어느새 눈치껏 분위기를 맞추고 있는 자신을 발견한다.

인지심리학을 연구하는 아주대학교 김경일 교수의 강연에서 흥미로운 이야기를 들었다. 초등학생을 대상으로, 10분을 주고 엄마가 싫어하는 일들을 적어보라고 했더니, 학생들은 거침없이 설문지를 채워나갔고 시간이 부족하다며 더 달라는 아이들이 속출했다고 한다. 이번엔 반대로 엄마가 좋아하는 일을 10분 이내에 써 보라고 하자 아이들은 도저히 쓸 말이 없어 극도로 지루해 했다고 한다. 그나마 어렵게 적은 답안의 1번은 '공부'였다. 어릴 적부터 남이 싫어하는 일들을 파악하는 법은 배우면서, 정작 다른 사람들이 무얼 좋아하는지는 잘 모른다. 더 큰 문제는 결국엔 내가 뭘 좋아하는지조차 모르게 된다는 사실이다.

원하는 것과 좋아하는 것은 다르다. 원하는 것을 자세히 들여다보면 내가 좋아해서 원하는 것이 아닌 경우가 많다. 직장 동료가 신차를 구입

하자 나도 차를 구입할 때가 되었다고 느낀 경우, 별로 좋아하지 않지만 다른 사람들과 어울리기 위해 골프를 시작하는 경우…. 어쩌면 내가 원하는 것이란 게 대부분 타인의 눈치를 보거나, 사회적인 필요에 의해 일어난 일들이 많다. 하고 싶어서 한 것이 아닌, 해야 할 것 같아서 시작한 일이다. 꽤 많은 사람이 이와 비슷한 행동을 한다.

직업을 찾을 때도 마찬가지다. 직업을 선택할 때, 정말 내 마음속에서 진심으로 바라는 직업을 선택했다고 이야기할 수 있을까? 다른 사람이 내 직업을 어떻게 생각할지 의식하며 선택한다거나, 부모님에게 인정받기 위한 선택은 아니었을까? 만약 그렇다면 앞으로 그 일을 하면서도 자신이 만족하는 삶을 살아가기는 어려울 것이다. 다른 모두를 속일지라도 나는 절대 속일 수 없다.

이젠 내면의 목소리에 집중해야 할 때다. 남의 눈치를 보며 내 인생을 선택하기에는 남은 인생이 아깝지 않을까? 오늘부터 조금은 당당해져 보자. 다른 이의 생각에 매몰되지 않고 오로지 내 마음에 집중해 보자. 나 자신에게 솔직해질 때 오히려 명료해질 수 있다.

09

마음의
문을 열고
함께하라

커리어 코칭 사업을 본격적으로 준비하기 위해 근무하던 회사를 그만 두었다. 처음엔 '이제 내가 하려는 일을 마음껏 할 수 있겠구나.' 하는 생각에 잠시 자유로운 기분을 느끼기도 했지만, 얼마 지나지 않아 마음 한 구석이 편치 않았다.

'남들은 직장에 다닐 시간에 이렇게 시간을 보내도 되나?', '내가 하는 일이 꼭 직장을 그만두어야 할 수 있는 일이었나?' 사회적 쓸모에 대해 의문을 갖기 시작했다. 계획적으로 살기 위해 매일 아침 9시부터 저녁 6시까지 도서관에서 보냈지만, 문득 찾아오는 의문을 막을 수 없었다.

자존감이 떨어졌고, 점점 사람을 만나는 게 부담스러워졌다. 사실 사람이 싫은 건 아니었다. 가끔 모임에 나가 오랜만에 보는 친구들과 옛이야기를 하며 웃고 나면 기분도 한결 나아졌다. 그러나 문제는 그 뒤에 있었다. 대화의 주제는 어김없이 직장 이야기로 이어졌다. 현재 내 상황을 이야기하는 게 뭔가 직장을 다니지 않는 사람의 변명처럼 느껴졌다. 이런 이유로 모임을 다녀온 후엔, 마음이 편치 않았다.

그러다 문득 할아버지가 생전에 해주셨던 말씀이 떠올랐다.

"교도소에서 죄수들에게 벌을 줄 때 쓰는 방법이 뭔지 아니? 바로 독방에다 가두는 거란다. 다른 사람들과 소통할 수 없도록 혼자 남겨 놓는 게 가장 큰 벌이라 여기는 거지."

최소한 스스로 만든 독방에 나를 가두진 말아야겠다는 생각이 들었다. 그때부터 내가 적극적으로 친구들과 약속을 잡진 않아도, 먼저 오는 연락을 거절하지 않았다. 사람과의 소통은 줄었지만, 가끔은 혼자 카페에서 일하며 기분 전환을 했고, 집 근처 호수공원에서 산책하며 마음을 가다듬었다.

요즘 많은 청년도 비슷한 상황을 겪을 거란 생각이 든다. 대학 동기들은 하나둘씩 취업하고, 나만 능력이 없는 사람이 된 것 같은 기분. 친구들이 함께 모이는 자리에 참석해서 뭔가 나만 낙오자가 된 것 같은 마음을 느끼는 것보다 집에 혼자 있는 편이 더 낫겠다는 생각이 들 수 있다.

하지만 인생의 어려움을 겪는 시기에 스스로 자존감을 떨어뜨리거나, 세상과 단절하는 건 나를 위해 바람직한 방법이 아니라는 생각이 든다.

독일의 철학자 헤겔(Hegel)이 이야기했다.

"마음의 문을 여는 손잡이는 문 안쪽에만 달려 있다."

내 앞에 놓인 손잡이를 돌릴지 말지 선택하는 건 온전한 내 의지에 달렸다. 다른 사람이 먼저 문을 열어 주는 경우는 흔치 않다. 다른 사람의 손길을 기다리기 전에, 내가 문을 잠가 놓지 않았는지 점검하는 게 우선이다.

나는 나를 가두지 않기로 했다. 지금 힘든 시간을 보내는 누군가도 조금이나마 문을 열어 두었으면 한다. 스스로 아파하지 않았으면 한다.

10

진정한
어른 공부를
하라

30대가 되면 어른이 될 줄 알았다. 내가 바라던 이상적인 어른의 모습은, 삶에 여유로운 태도로 어떤 일에도 의연하게 대처해 나가는 사람이었다. 세상을 바라보는 올바른 시각을 갖추고, 자신의 신념을 지키기 위해 노력하며, 다른 사람들을 포용할 수 있는 너그러운 마음을 가진 사람.

그런 어른이 되는 건 쉽지 않았다. 서른이 훌쩍 넘었지만 내가 바라던 이상적인 모습은 되지 않았다. 하루에도 몇 번씩 많은 감정이 뒤엉켜 일어났고, 급작스럽게 발생하는 일들에 허둥댔으며, 직장에서의 인간관계도 쉽지 않았다. 이상과 현실의 간극은 점점 더 벌어졌다. 어쩌면 어른이 된다는 건 '어른인 척을 잘하는 사람이 되는 것일까?' 혹은 '자신의 감정을 잘 숨기는 사람'이 되는 걸까? 어른이 된다는 말 자체에 의문을 갖게 됐다.

그러다 TV에서 한 연예인이 하는 말이 마음에 크게 와닿았다. "나이는 아무 노력 없이 먹는 것이다." 동감한다. 나는 아무 노력 없이 나이가 들면 자연스레 성숙해질 것이라 생각했던 거다. 세상을 조금 살아 보니 알게 됐다. 노력 없이 이뤄지는 건 아무것도 없다는 걸….

몸은 나이가 들면 자연스럽게 성장한다. 내가 굳이 큰 노력을 하지 않아도, 좋은 영양분을 제대로 섭취만 한다면 완전한 성장을 이룬다. 나이도 마찬가지다. 노력하지 않아도 내년에 한 살을 먹는다. 물론 일정한 기준 시점이 지나면 나이가 한 살 더 든다는 건 사회에서 정해 놓은 규칙이지만, 어쨌든 몸은 자연의 섭리에 따라 변한다.

그러면 마음의 '성숙'은 어떨까? 누군가는 말한다. 나이가 들면 당연히 성숙해지는 게 아니냐고. 아니더라. 나이만 먹는다고 마음이 더 깊어지는 건 아닌 것 같다. 성숙해지는 것도 노력이 뒤따를 때 이룰 수 있다고 생각한다. 신체의 성장은 물론 마음도 함께 성숙해져야 진정한 의미의 어른스러움을 갖췄다고 이야기할 수 있지 않을까?

술자리에서 학교 선배들과 이야기를 나눌 기회가 있었다. 자연스레 직장 얘기를 하다가 내가 먼저 말을 꺼냈다. 학력과 인격은 비례하지 않는 것 같다고. 또한 나이 듦이란 현명함을 대변해 주지는 않는 것 같다고. 물론 학력도 좋고 인성까지 훌륭하신 분들을 만나기도 했으나, 그렇지 않은 경우도 많았다. 자신의 이익을 위해 사내 정치에 혈안이 되어있는 사람, 누군가 자신보다 연봉이 높다고 하면 어떻게 해서든 깎아 내리려 하는 사람, 자존심 때문에, 체면치레 때문에 옳지 않은 결정이란 걸 알면서도 밀어붙이는 사람, 조그만 것도 양보하지 않는 속 좁은 사람…. 여러 유형의 어른들을 꽤 많이 봐왔다.

어른이 되는 것도 노력이 필요하다. 좋은 직장을 얻기 위해 지식을 쌓는 공부, 사회생활을 하며 배워 나가는 '업무 능력'의 향상만이 한 사람의 인격적 '성숙'을 보장하지는 않는다.

이제 어른 공부를 해야 할 때가 아닐까? 어른 공부라는 건 특별한 게 아니다. 실생활에서 마주치는 무수히 많은 어른다워질 수 있는 순간에 어른다움을 실천하는 것이다. 차별하지 않고 다른 사람들의 목소리에 귀 기울이는 것, 틀린 게 아니라 다를 수도 있다는 열린 마음을 갖는 것, 독서를 통해 새로운 지혜를 쌓는 것, 자신을 돌아보는 시간을 갖는 것, 잘못한 상대에게 빠져나갈 구멍 하나쯤은 열어 주는 것….

어쩌면 사소해 보이는 일들이 쌓이고 쌓여 내면의 성숙을 이룰 수 있게 되는 건 아닐까? 너무 쉽게 어른이 되려 했나 보다. 이제 조금씩 내가 바라던 이상적인 어른이 되기 위한 공부를 시작해 봐야겠다. 앞으로도 어른 공부는 계속된다.

꿈에 삶의 태도가 반영되면,

내 가치를 실현하며 만족스러운 삶을

살 수 있게 된다.

언제든 자신이 원한다면

다시 시작하면 된다.

단지 그뿐이다.